MANTÉN LA CALMA Y DISFRUTA LA ESPERA

EL SECRETO DE ESCOGER AL HOMBRE CORRECTO

NORMA PANTOJAS

WHITAKER HOUSE

A menos que se indique lo contrario, las citas bíblicas son tomadas de la *Santa Biblia, Nueva Traducción Viviente,* © 2008, 2009, 2010 por Tyndale House Foundation. Usadas con permiso de Tyndale House Publishers, Inc., Wheaton, Illinois 60189. Todos los derechos reservados. Las citas bíblicas marcadas (NVI) son tomadas de la *Santa Biblia, Nueva Versión Internacional®*, NVI®, © 1999 por la Sociedad Bíblica Internacional. Usadas con permiso. Todos los derechos reservados. Las citas bíblicas marcadas (RVR1960) son tomadas de la versión *Santa Biblia, Reina-Valera 1960* © 1960 Sociedades Bíblicas en América Latina; © renovado 1988 Sociedades Bíblicas Unidas. Usadas con permiso. Todos los derechos reservados. Las citas bíblicas marcadas (RVR1995) son tomadas de la *Reina-Valera 95®* © Sociedades Bíblicas Unidas, 1995. Usadas con permiso. Todos los derechos reservados. Las citas bíblicas marcadas (RVA) son tomadas de la *Santa Biblia: Reina Valera Actualizada.* (1989). El Paso. Baptist Spanish Publishing House. Usadas con Permiso. Todos los derechos reservados. Las citas bíblicas marcadas (RVA-2015) son tomadas de la *Reina Valera Actualizada,* © 2015 by Editorial Mundo Hispano.

Edición: Ofelia Pérez

MANTÉN LA CALMA Y DISFRUTA LA ESPERA
El secreto de escoger al hombre correcto

ISBN: 978-1-62911-691-4 • eBook ISBN: 978-1-62911-692-1
Impreso en los Estados Unidos de América

Whitaker House
1030 Hunt Valley Circle
New Kensington, PA 15068
www.whitakerhouseespanol.com

Por favor, envíe sugerencias sobre este libro a: comentarios@whitakerhouse.com.

3 4 5 6 7 8 9 10 11 ꟺ 23 22 21 20 19 18 17 16

DEDICATORIA

Dedico este libro, primero, a mi madre, Carmen Delia Cartagena, quien se fue a morar con el Señor cuando yo redactaba este libro. Madre soltera por viudez desde muy joven, supo criar a sus cinco hijos con amor, altos principios morales, un arraigado concepto de unidad familiar y un profundo temor de Dios que ha trascendido ya a dos generaciones.

Lo dedico también a todas las madres solteras, sea que nunca se hayan casado, o sean viudas o divorciadas, que aún en medio de sus luchas y circunstancias, han marcado a sus hijos con su amor, su dedicación, su ejemplo y su entrega. Todas ellas tienen mi admiración y ¡las bendigo!

AGRADECIMIENTOS

Ser agradecidos debiera ser una prioridad en nuestras vidas, por esos regalos de amor que Dios nos envía para que enriquezcan nuestro carácter y nuestros talentos.

A Ofelia: es una de esas personas extraordinarias que Dios colocó en mi camino para editar este libro que había nacido en mi corazón hace unos años. La conocí en una Feria de Expolit, y desde ese momento le dije a Celi, mi hermana, "ella será la que editará mi próximo libro". Ha sido una experiencia inolvidable compartir con esta "cantera de ideas" cuando se trata de creatividad. La pasión con la que habla sobre los temas de edición es fascinante, y su atención a los detalles no tiene comparación. Tuvo oportunas palabras motivadoras, y siempre me estimuló a dar lo mejor de mí.

A Xavier Cornejo, director de Whitaker House español, quien confió en mí para lanzar este libro tan importante para mí.

A Celi Marrero, mi hermana querida, y a su esposo, Jorge Rivera, porque han estado a cargo de mi carrera profesional y pastoral. Más allá del profesionalismo que los caracteriza, me han demostrado un valioso concepto de amor y solidaridad sin límites de entrega, tiempo, energías y circunstancias, para ayudarme a cumplir los propósitos de Dios en mí. Sin ellos sería imposible estar pendiente de cada detalle. ¡Ustedes son todo para mí!

A todos los que han ido a mis consejerías, y han enriquecido mi experiencia para ayudar a otros.

CONTENIDO

PRÓLOGO

Mi mamá siempre me ha recordado que "el hombre propone y Dios dispone". Ella solía decírmelo cuando yo hacía planes para algo. Quería recordarme que aunque tengamos las mejores intenciones del mundo, realmente tenemos control de muy poco en nuestro entorno. Lo bueno es que yo supe desde niña que había un Creador, Dios del universo y mi Padre Celestial que lo veía todo, y se ocupaba de mí incluso cuando yo me sentía abandonada o frustrada. Les digo esto porque en los momentos difíciles de mi vida, esto es precisamente lo que me ha sostenido.

En este libro, mi querida Norma habla sabiamente acerca de las mujeres que tal vez se sienten menos porque están solteras, y piensan que su tiempo ha pasado. Yo me he casado varias veces y cada matrimonio ha terminado en divorcio. Yo siempre me he casado para toda la vida, y he tenido fe de que llegaríamos juntos al final de nuestras vidas, pero no ha sido así. Esos planes míos han terminado en fracaso o frustrados. Al mirar hacia atrás, ya sin la emoción del momento y la impulsividad con la que algunas veces he tomado estas decisiones, me doy cuenta de que no he escogido correctamente. Por ende, los resultados no han sido los que yo deseaba. Si yo hubiese tenido este libro en mis manos hace años atrás, tal vez no hubiese cometido ciertos errores, pero no hacemos nada con revivir el pasado. Yo les invito a ustedes, mujeres solteras, viudas, divorciadas o abandonadas que lean este libro con el corazón abierto al amor. Más que estar enamorada del amor, enamórate de la oportunidad que tu Dios te ha dado de vivir esta etapa de la vida. Te puedo asegurar que a Dios nada se le escapa, y que Él sabe todo lo que hemos sufrido. Él promete jamás abandonarnos, así lo creo, y lo sé porque lo he vivido. Seguramente Norma me pidió que escribiera este prólogo porque sabe lo que he vivido no una, sino varias veces, y lo he tenido que vivir públicamente. Les invito a que lean este libro con el amor que Dios tiene para cada una de nosotras. Debemos amarnos a nosotras mismas antes de poder amar al prójimo. La Palabra de Dios nos dice: "Ama a tu prójimo como a ti mismo". Entonces esto me muestra que tengo que tratarme a mí misma con amor y delicadeza. Debemos afirmar que somos bellas porque hemos sido hechas a imagen y semejanza de Dios. Además, Dios nos promete "una corona de belleza en vez de cenizas". Si Dios nos ve bellas y con una corona, ¿quiénes somos nosotras para no creerlo?Le pido a Dios que cada palabra que ustedes lean sea incrustada en su corazón, y que crezca el amor propio para saber que esta etapa de sus vidas tiene un propósito divino. Vívanlo a plenitud sin querer apresurarse. En el momento preciso, llegará la próxima etapa, y la podrán disfrutar como nunca antes. Un abrazo caluroso a todas las que estamos viviendo hoy como mujeres solteras, felices y realizadas. ¡Que Dios las bendiga con sabiduría y mucho amor!

Myrka Dellanos

Periodista, autora, empresaria y madre soltera

INTRODUCCIÓN

"Todavía" estás soltera... ¿y qué? Posiblemente eres de las mujeres que están a punto de desfallecer si alguien más se atreve a preguntarte: "¿Eres soltera?, ¿Cuándo te vas a casar?" (dicho con un tonito entre pena, juicio y chisme). Si les contestas que no piensas casarte porque prefieres permanecer soltera para siempre, entonces prepárate porque comenzará el desfile de razones por las cuales te debes casar, y debes salir del "estado equivocado de la soltería", según piensan los que te preguntan. Y ni hablar de las conjeturas que se van a decir a tus espaldas sobre por qué decidiste permanecer soltera, a menos que te conviertas en monja.

Veamos algunas de las razones que te ofrecerán para convencerte de que no perpetúes la soltería:

- La mujer sola está desprotegida.
- Siempre es bueno el respaldo de un hombre. Necesitas el apoyo de un hombre o necesitas "un hombre que te represente" (como si tú no hablaras, ni pensaras ni pudieras representarte a ti misma).
- La mujer sola no tiene quien la cuide cuando llegue a vieja.
- Te sentirás muy sola en la vida.

- Por peor que sea un hombre, hace falta en el hogar (como si un hombre fuera un amuleto para la suerte).
- Debes tener un hombre a tu lado para que te respeten. (¡Qué denigrante! ¿Tú no sabes darte a respetar?)

A pesar de todas esas recomendaciones y comentarios impertinentes que te hacen tan a menudo los casamenteros, hoy quiero decirte en alta voz:

¡Mujer, tú no estás sola! No tienes que afligirte, ni deprimirte, ni quejarte, ni culparte, ni ir al psiquiatra, ni sentir vergüenza porque has decidido permanecer soltera. Eres libre para decidir el estado de vida en el cual quieres permanecer porque la felicidad es SOLTERA; no es exclusiva de las personas que se casan. Hay casados felices y casados infelices, y hay solteros felices y solteros infelices.

• • • •

La felicidad es SOLTERA.

• • • •

Lo que es un hecho indiscutible es que la felicidad es un estado que se alcanza individualmente, y cada quien tiene que buscarla y alcanzarla solito o solita. Mientras tú sola no eres feliz, no puedes lanzarte a conquistar a alguien para formar un matrimonio, si es que quieres o has decidido formar un hogar. El casarse es una decisión, y solo pueden tomarla los que ya han sabido ser felices como individuos. Nos casamos para compartir la felicidad que ya experimentamos; no para ser felices. Una persona infeliz no consigue la felicidad cuando se casa, porque el matrimonio es un estado que exige madurez para enfrentar los retos que conlleva vivir dos personas diferentes con un propósito en común, y con mil y una responsabilidades.

Quien es infeliz solo, será más infeliz cuando tenga que manejar también los conflictos de otro. Así que no te preocupes si eres soltera. Ocúpate primero en evaluar tu vida interior para que descubras si eres feliz, o si te sientes deambulando por los aires buscando aterrizar en un hombre para alcanzar la plenitud de tu vida. Si necesitas ese aterrizaje, con seguridad no has encontrado el tesoro de la felicidad. La Biblia define la felicidad:

> "*¡Qué feliz es el que teme al Señor, todo el que sigue sus caminos! Gozarás del fruto de tu trabajo; ¡qué feliz y próspero serás!*" (Salmo 128:1-2).

De acuerdo al salmista, eres feliz cuando respetas a Dios, andas en sus caminos, trabajas, te sientes útil, prosperas en lo que te desempeñas, y disfrutas de lo que ganas. De acuerdo al diccionario etimológico, el origen de la palabra felicidad se encuentra en el latín y procede del vocablo "felicitas" que puede traducirse como "fértil".[1] El diccionario define la palabra como un estado de ánimo que supone una **satisfacción**. Por tanto, quien está feliz se siente a gusto consigo mismo, contento y complacido con quien es y con lo que posee, en lo que llega lo que anhela.

• • • •

ENAMORARSE ES FÁCIL, PERO ESCOGER LA PERSONA CORRECTA REQUIERE SABIDURÍA.

• • • •

Eres feliz cuando sientes paz en tu corazón, y crees que alguien más grande y poderoso que tú siempre está con sus ojos puestos en ti. Ese alguien siempre te amará, te será fiel y nunca te dejará sola. Esta felicidad la logras amistándote con Dios en una relación personal. Esta relación es la que te capacita para vivir sola y para vivir casada, para enfrentar el conflicto y para disfrutar la calma, para vivir en abundancia y para vivir en escasez, porque el vínculo con Él te hace descansar. Él es el único que te capacita para hacer una buena elección cuando decides casarte. Porque enamorarse es fácil, pero escoger la persona correcta es la parte más difícil, y requiere sabiduría.

El apóstol Pablo también vio la necesidad de aclararles a los de la ciudad de Corinto una inquietud similar a la de nuestros días, en este debate entre la soltería y el matrimonio. En los versículos de este pasaje bíblico vemos la posición de Pablo frente al dilema de "me caso" o "no me caso".

> "*...Si tienes esposa, no procures terminar tu matrimonio. Si no tienes esposa, no busques casarte; pero si te casas, no es pecado; y si una joven se casa, tampoco es pecado. Sin embargo, los que se casen en este tiempo tendrán problemas, y estoy tratando de evitárselos*" (1 Corintios 7:27-28).

Pablo les explica a los corintios que si ya están casados, se queden casados, pero si están solteros, sería mejor que se quedaran solteros, porque el matrimonio exige mucho esfuerzo, dedicación y compromiso para enfrentar los retos que representa. Quien se quiera casar necesita saber que debiera ser para toda la vida, y que al hacerlo, se deja de ser dueña o dueño absoluto de sí mismo para unirse a otra persona. Ambos deben suplirse sus necesidades el uno al otro, y buscar el bienestar común. Lo que implica esta afirmación no es que debes adorar la soltería y rechazar el casamiento, sino que entrar al estado del matrimonio no implica viajar a las estrellas y contemplar la hermosura del firmamento. Es una empresa difícil que exige madurez espiritual y emocional, y sentirte feliz contigo misma para poder edificar un matrimonio exitoso.

El matrimonio conforme a los principios divinos, basado en el amor y sus frutos (consideración, respeto, humildad, misericordia, dominio propio, justicia, fidelidad, perdón, y todo lo que abone a que el amor venza las discrepancias) cumple con los buenos propósitos para lo que fue creado en la vida de los cónyuges. Pero aún así, no es el pasaporte a la felicidad. Porque para dar esos frutos que mantienen la armonía en el hogar, es imprescindible haber conocido el amor de Dios, y estar conectado a su presencia como individuos. Eso es lo que nos hace felices.

Por tanto, necesitas estar en paz con Dios y contigo misma antes de entrar en un estado en el que no vas ni a vivir sola ni a decidir sola. Vas a caminar de la mano con otra persona. Así que los dos deben mantener un buen paso. Quiere decir que debes ponerte de acuerdo con una persona diferente a ti para caminar juntos hacia una dirección en la que todos los integrantes de la familia se beneficien, y logren el propósito de Dios para sus vidas sin perder la unidad familiar.

En una sola oración: hasta que tú sola no aprendes a ser feliz, no puedes casarte ni puedes pretender sentirte bien sola. La clave está en que cuando te sientes satisfecha con quien eres, puedes decidir plenamente si te quieres quedar soltera, o si quieres casarte para compartir tu felicidad.

• • • •

HASTA QUE TÚ SOLA NO APRENDES A SER FELIZ, NO PUEDES CASARTE.

• • • •

Cuando amas a Dios, te amas a ti, amas a tu prójimo, y reconoces cuál es tu identidad y para qué Dios te creó. Puedes combatir los prejuicios que existen contra la mujer soltera, y salir triunfante. Nunca, nunca, nunca quieras llegar a casarte porque todo el mundo lo hace, ni por la presión social que existe en muchas culturas, incluyendo la latina.

Tú no eres un "sobrante"

En China, una mujer soltera de 27 años es considerada un "Sobrante".[2] Este titular de *CNN* cautivó mi atención mientras buscaba en la Internet quiénes son las mujeres consideradas solteras. Es impresionante ver cómo a pesar de que siete de las diez mujeres más ricas del mundo son chinas, la mujer en este lugar, desde que está en el vientre materno, es inferior al hombre. Si el embarazo es de un varón no es lo mismo que si fuera el de una niña. De acuerdo a la noticia, son innumerables los abortos de fetos de niñas después de haberlos identificado con un ultrasonido. Quizás ahí está la explicación de por qué en China existen treinta y cuatro millones más hombres que mujeres.

Regresemos al titular noticioso, *Una mujer soltera de 27 años en China es considerada un "Sobrante"*. ¿Sabes quiénes son catalogadas como mujeres "sobrantes"? Aquellas que son educadas, solteras y mayores de 27 años, de acuerdo a la Federación de Mujeres Toda China. Esta Federación definió el término "sobrante" diciendo que son alimentos que están en mal estado, sobras, desperdicios. Después de esta terrible definición, los medios impulsaron su difusión aplicada a esas mujeres mayores de 27 años. Como consecuencia, la mujer se continúa denigrando aún más porque solo se le otorga valor a la mujer que se casa. Si la mujer no se casa, queda definida como un sobrante, un desperdicio, un algo que está en mal estado. Lo que persigue el gobierno es presionar a la mujer para que se case. ¡Imagínate cómo se desarrolla la personalidad de una niña en China! Eso no es lo que Dios quiere para cada una de nosotras.

Nuestra cultura no es muy distinta

Quizás tú puedas pensar que eso es en China. Pero la mujer en Occidente tampoco ha crecido sintiéndose importante y valiosa, que es el sitial que Dios le otorgó desde la creación, y que se ha desvirtuado por la maldad y el egoísmo del ser humano. Aquí no se trata de competir con el hombre ni de vejar su dignidad, sino de comprender que Dios nos creó con el mismo amor. Nos asignó un valor incalculable para que viviésemos en armonía respetándonos unos a otros, ayudándonos unos a otros, y estimulándonos a la superación. Aquí se trata de que el hombre y la mujer aprendan a desarrollar una identidad sana en la que se consideren valiosos y dignos porque Dios los creó, y no porque un matrimonio les otorgó el valor. Aquí se trata de que primero aprendo a ser feliz conmigo misma, antes de decidir encontrar una pareja. Porque me caso por elección y no por obligación. Me caso para compartir mi felicidad y no para que me hagan feliz ni para ganar valor.

• • • •

ME CASO POR ELECCIÓN Y NO POR OBLIGACIÓN.

• • • •

Pero el ser humano, en su falta de conexión con la presencia de Dios, ha querido pisotear a la mujer, otorgarle un lugar inferior en nuestro mundo. Aún hasta en algunas iglesias, a la mujer se le ha asignado un lugar inferior. Por otra parte, vemos mujeres que erróneamente están defendiendo su posición denigrando a los hombres. Mujeres, un mal no se combate con un mal. Ni se gana valor denigrando a otros. Ganamos valor con nuestras ejecutorias, actuando como mujeres dignas, inteligentes y capaces, y no demostrando desesperación y sintiendo soledad cuando no tenemos la compañía de un hombre. Ganamos valor cuando nos cotizamos alto y no nos regalamos sexualmente a nadie. Ganamos valor cuando no nos "juntamos" con el primer ser viviente que nos encontramos de frente, sino que nos casamos legalmente después de haber evaluado si esa persona nos merece.

La mujer ha llegado a pensar que sola no puede superarse, no puede enfrentar los retos de la vida, no puede salir adelante con sus hijos cuando un hombre le abandona o cuando fallece. La mujer ha creído que cuando no existe un hombre en su vida, su existencia no tiene sentido. Por esa razón busca la felicidad en un hombre. No puede permanecer soltera ni un momento porque la desesperación de tener a un hombre la embarga y la ciega. Se mira a sí misma y se siente insuficiente, sin percatarse que la desesperación le nubla el entendimiento, impidiéndole tomar una buena decisión al seleccionar un hombre.

Es penoso ver a una mujer que convive o se ha casado tres o cuatro veces con diferentes hombres, y ninguna de estas dio en el blanco. Si tu vida espiritual y emocional no está en orden, apuntarás y apuntarás y nunca darás en el blanco. Una persona que se siente insuficiente, que no se valora, escogerá a uno que no se valora y que también se siente insuficiente. Entonces, ¿quién será feliz cuando se unen dos infelices (que no tienen felicidad) que están buscando en otra persona el sentido de la vida?

• • • •

UNA PERSONA QUE NO SE VALORA ESCOGERÁ A UNO QUE NO SE VALORA.

• • • •

Es por eso que hoy te digo: **Mantén la calma, no te desesperes, reflexiona en tu soltería y aspira a lo excelente**. Soltera, ya sea porque nunca te has casado ni has tenido pareja; soltera porque estás divorciada y tienes hijos; soltera porque tuviste hijos sin casarte; soltera porque enviudaste; en fin, soltera porque estás viviendo sin la presencia de un hombre en tu hogar, mantén la calma, sé feliz en tu espera y aprende a escoger al hombre correcto para tu vida.

Si eres una soltera feliz, realizada, fiel creyente de que Dios está contigo siempre, serás capaz de repetir en voz alta: "Soltera, pero no sola; soltera, pero feliz; soltera, pero no solterona, soltera, ¿y qué?". Una soltera feliz puede decidir permanecer soltera totalmente (digo totalmente porque hay quienes están aparentemente solteras, pero tienen citas amorosas sexuales con un hombre u hombres que les atraen; estas no son conscientes de su valor y se regalan a cambio de amor), o casarse si encuentra el hombre que la merezca.

Si en lugar de experimentar esa paz y esa seguridad de vivir en calma porque tienes las capacidades para salir adelante tú sola con la ayuda de Dios, experimentas una sensación de vacío porque sientes que te falta una pieza imprescindible que se llama hombre para poder hacerle frente a la vida, a ti te digo: "Mantén la calma, disfruta la espera". Continúa leyendo este libro que escribí con el propósito de que aprendas a valorarte, descubras las capacidades que Dios mismo puso en ti, y seas feliz. Solo así estarás en condiciones óptimas para decidir si quieres compartir tu felicidad a través del matrimonio haciendo una buena elección, o si prefieres seguir soltera.

Dediqué algunas secciones para abrir tus ojos ante los disparates que por presión o desesperación, te puedes sentir tentada a cometer. Con ellos te aporto mi experiencia como consejera, para que los evites y si ya los cometiste, los puedas enmendar. Lo importante es que así decidas casarte o quedarte soltera, puedas comprender que Dios te ama y te formó como una criatura digna, importante y capaz, que puede enfrentar los retos de la vida con un hombre o sin un hombre, porque la única compañía que no puede faltar es la de Dios, nuestro Padre.

Te amo y te bendigo siempre,

Norma Pantojas

Capítulo 1

"TODAS TUS AMIGAS SE ESTÁN CASANDO..."

Las invitaciones a bodas para muchas mujeres son motivo de alegría. Para otras son sentidas notas de duelo en las que ellas mismas se dan el pésame porque la invitación les recuerda que todas sus amigas se están casando... menos ella. Y todo porque el reloj biológico social que la mujer tiene integrado desde que tiene uso de razón, está dando las últimas campanadas que le anuncian: "Ya la única que queda sin casarse eres tú, y estás tarde". El problema es que el reloj de las solteras la mayoría de las veces está adelantado por el qué dirán: "solterona, jamona, se quedó para vestir santos", y toda clase de palabras despectivas que ya están listas para las mujeres que no se casan.

Todas las estadísticas que encuentras en la Internet señalan que hoy día la edad a la que se casan las mujeres oscila entre los 28 y los 32 años, y usualmente se debe a que mientras más educación formal tienen, más tardan en casarse. A pesar de esa realidad, la amenaza social que enfrenta la mujer soltera se agudiza cuando todas las amigas se han casado, y ella se siente emocionalmente en el rincón de los objetos olvidados. Así que cuando el reloj social da la hora para informar que todas las amigas se han casado, esa hora siempre va acompañada por la palabra "urgente" en letras mayúsculas y en rojo. ¡Imagínate cuánta importancia tiene ese reloj que hace dos años recibí una carta de una adolescente suramericana que estaba preocupadísima porque ya tenía quince años, y todavía no tenía novio!

¿Será posible que la mujer desde que nace crea que su valor depende de si se casa o no se casa? En la carta, la quinceañera me confesaba que tenía mucho temor de quedarse soltera, pero ¿cómo a los quince preciosos años de su vida ya la mujer está experimentando esos temores? Esas frustraciones son las que la dirigen a aceptar al primer ser viviente que se le presente después que se llame hombre. Así se enamora del primer ser humano con características físicas que lo identifican como varón, pero no con el verdadero concepto de hombría: uno que ame a Dios y se ame a sí mismo para que pueda valorar a la mujer, y la trate con amor y delicadeza; que sea intachable, responsable, buen administrador de su vida y de su dinero.

• • • •

EL HOMBRE QUE TÚ ESCOGES REFLEJA EL CONCEPTO QUE TIENES DE TI MISMA.

• • • •

Siempre me he preguntado, ¿por qué tantas se conforman con un ser "que no sea tan malo", como ellas mismas dicen, si pueden seleccionar a uno que las merezca? La contestación es sencilla. La mujer piensa que no merece un hombre excelente porque ella misma se considera como dicen los chinos: un sobrante. Si no te consideras excelente, escogerás a alguien que no sea excelente. Si te consideras valiosa, seleccionarás a alguien valioso. El hombre que tú escoges refleja el concepto que tienes de ti misma.

La soltería y la vejez son relativas

Como ya mencioné en la introducción, los chinos definen a las mujeres educadas, solteras y mayores de 27 años como sobrantes. Aunque también hay sobrantes varones, la presión social es más fuerte en la mujer porque nacen más varones que mujeres debido a los abortos selectivos cuando saben que el bebé es niña. En el año 2005 nacieron en China 119 varones por cada 100 mujeres.[1] En el caso de los varones, los bajos salarios no les permiten cualificar para atender los requisitos de las mujeres. De acuerdo al artículo escrito en el 2011, la presión social para los solteros es tan fuerte que provoca soledad, infelicidad y ansiedad en esta población. Al extremo de que con tal de conseguir pareja, asisten a "citas rápidas", soportan el que sus propios padres les busquen pareja, llegan a fingir que tienen novio ante sus padres, y hasta les ofrecen dinero a hombres con tal de aparentar que tienen una pareja. Solo un 25% de esa población de sobrantes afirma ser feliz.

Una mujer salió a la calle con un cartelón en el que escribió que se ofrecían 10.000 yuanes, el equivalente a mil quinientos dólares, a quien aceptara ser presentado a sus padres como su novio. ¿Te imaginas lo que eso implica? ¡Llegar a buscar un novio para alquilarlo, como si fuera una casa, con tal de satisfacer las exigencias sociales! La angustia y la desesperación de las jóvenes han llegado a tal punto que han promocionado la venta de artículos con novio incluido. En el Occidente no es tan diferente. Proliferan los sitios web para conseguir pareja y, para mi sorpresa, hay algunos específicamente para mujeres (se les nota la desesperación) que solicitan novios "ahora".

Así como los chinos consideran que la mujer que no se casa a los 27 años es un sobrante, a principios del siglo XIX en México la edad perfecta para que una mujer se casara era a los 14 años,[2] y desde la infancia, las niñas se preparaban para casarse. ¡Imagínate cómo se sentía la mujer que no llegaba al altar después de haber sido adiestrada desde temprana edad para contraer matrimonio! Para desgracia de la mujer que llegaba soltera a los 30 años, debía cargar con la etiqueta que la sociedad le imponía de "doncella vieja" o "solterona". Así que podemos decir que la mujer era como una tarjeta de crédito con fecha de vigencia desde los 14 años y fecha de expiración a los 30 años. De ahí en adelante era "doncella vieja". ¿"Vieja" a los 30? ¡Absurdo, especialmente si lo oye una mujer de 60! Continuemos y lee el alcance de esa creencia.

• • • •

La mujer era como una tarjeta de crédito con fecha de vigencia desde los 14 años y fecha de expiración a los 30 años.

• • • •

En mi libro *Mujer, apriétate el cinturón,* hablo de lo que significa la vejez para esta generación, específicamente en el caso de la mujer. Solo así podremos comprender cómo ella se ha tenido que levantar de la humillación en que históricamente ha estado en todas las áreas.

Si buscas en el diccionario de español, la definición de vejez dice que es "el último período de la vida, edad senil". Si continúas tu búsqueda de lo que significa edad senil, verás que se define como "decadencia física o psíquica". Pero si insistes en descubrir el significado que se le ha dado a la palabra vejez y buscas sus sinónimos, caerás de bruces al suelo cuando leas los siguientes vocablos: vetusto, viejo, senil, caduco, decrépito, vejestorio, provecto, matusalén. A esto le podemos añadir que la palabra "viejo" la usamos con frecuencia para referirnos a aquellas cosas que nos resultan inservibles y que, por ende, las echamos a la basura. Es común escuchar que alguien diga: "Lo voy a arrojar a la basura porque ya está viejo y feo".

Por tanto, con el tiempo, la palabra "viejo" ha adquirido una connotación despectiva, cuando en realidad es el vocablo correcto para designar una etapa de la vida que debería considerarse como un período hermoso y de máxima realización. Después de investigar la palabra vejez en el diccionario, ¿quién querría ser viejo? Creo que ninguna persona quiere ser decrépita o senil, ni convertirse en un vejestorio.[3]

Después de leer esa definición de lo que significa vieja y vejez, pensemos qué valor se adjudicaría a la mujer del siglo XIX si permanecía soltera después que cumplía los treinta años, cuando ya ella sabía que todos la llamarían "doncella vieja". Me imagino que era como estar condenada a muerte al llegar a los treinta.

• • • •

MIENTRAS MÁS VIEJO ES EL VINO,
MÁS ALTO ES SU VALOR.

• • • •

¿Por qué crees que la mujer oculta la edad como si fuera un pecado? Por miedo a ser catalogada vieja, vetusta e inservible. Porque ha cifrado su identidad no en lo que es interiormente, una criatura creada por Dios con propósito, sino por la presión social y la apariencia física; ese caparazón que el tiempo desgasta en su transcurrir. No obstante, mientras más viejo es el vino, más alto es su valor. Lo que distingue al vino no es su apariencia, es su sabor, y su sabor depende de los años. ¿Por qué la mujer en lugar de ocuparse tanto en su apariencia exterior, no decide trabajar su vida interior, de tal manera que mientras más años pasen su sabor sea más extraordinario, y su valor sea realzado por su experiencia y no por su apariencia?

Eso no quiere decir que va a asustar a los demás con su físico porque se va a ocupar solo del interior. Eso significa que cuando aprendes a amarte quieres lucir bonita, pero lo exterior no es tu prioridad; no se puede convertir en el todo de tu vida. Es importante atender el físico, pero somos conscientes de que nuestro interior le supera. Cuando esto sucede, la hermosura del corazón se refleja en el exterior aún en la vejez, dejando a su paso una estela de amor y de bendición con quienes compartes.

Así lo presenta Pablo en su epístola a los corintios, instándonos a no preocuparnos tanto por lo físico. Finalmente, este estuche en el que guardamos la vida va a envejecer, y pasará por las características que definen la vejez, no importa cuánto hagamos por mantenernos jóvenes. Pablo dice con la seguridad que caracteriza a quien ha tenido una experiencia genuina con Jesucristo, que mientras nuestro cuerpo físico se va desgastando con el paso de los años, nuestro espíritu, nuestro interior se va renovando por la presencia divina que vive dentro de nosotros, cuando lo hemos aceptado en nuestras vidas. Así que no te desalientes, vive feliz aunque pasen los años, aunque decaigan las fuerzas, porque muy adentro llevamos la alegría de vivir, que produce un corazón en paz con Dios.

> *"Es por esto que nunca nos damos por vencidos. Aunque nuestro cuerpo está muriéndose, nuestro espíritu va renovándose cada día"* (2 Corintios 4:16).

Aunque todas tus amigas se hayan casado, tú no eres las otras; tú eres tú y nadie más. ¿Por qué querer hacer lo que todo el mundo hace? ¿Por qué querer imitar siempre a los demás? ¿Por qué medirte con relación a los demás? Si todas se han casado, que sean felices. Tú viste la celebración, pero no verás cómo cada una se desenvuelve en el matrimonio ni la clase de hombre que escogieron, ni los conflictos que deberán enfrentar. Ocúpate de tu vida. Detente, piensa y analiza el porqué te preocupa tanto el que todas se hayan casado para que descubras tu verdadero yo, eso que está escondido detrás de cada motivación y de cada decisión tuya. Nunca olvides que no hay nada mejor que ser tú misma. Mientras te sientas infeliz sola, no procures enamorarte. Cuando hay hambre, comemos lo que sea. Así mismo, cuando hay hambre de amor, cualquiera nos parece bueno. Es menester que nos sintamos llenas, abastecidas de amor, para saber seleccionar lo que es excelente, y rechazar a quien no nos merezca.

• • • •

CUANDO HAY HAMBRE DE AMOR,
CUALQUIERA NOS PARECE BUENO.

• • • •

El valor prevalece ante el discrimen

Es importante señalar que la mujer ha tenido que fortalecer su espíritu para superar el discrimen y el menosprecio social desde la antigüedad. En Israel, por ejemplo, el sistema legal no le otorgaba derechos a la mujer como persona civil. Las propiedades eran heredadas por los hijos varones, y la mujer heredaba si no había ningún hijo varón. La mujer no podía ocupar puestos en la política ni en las organizaciones religiosas, aunque tenía funciones importantes en las estructuras económica y social. Ella manejaba todo lo relacionado con el hogar: la producción casera de las huertas (terreno destinado al cultivo de legumbres, verduras y árboles frutales), los animales domésticos, la elaboración de los alimentos y el procesamiento de lana para hacer hilo y tejidos. La mujer en el área de la economía de familia era una empresaria, tal y como la describe Proverbios 31:10-24:

> *"¿Quién podrá encontrar una esposa virtuosa y capaz? Es más preciosa que los rubíes. Su marido puede confiar en ella, y ella le enriquecerá en gran manera la vida. Esa mujer le hace bien y no mal, todos los días de su vida. Ella encuentra lana y lino y laboriosamente los hila con sus manos. Es como un barco mercante que trae su alimento de lejos. Se levanta de madrugada y prepara el desayuno para su familia planifica las labores de sus criadas. Va a inspeccionar un campo y lo compra; con sus ganancias planta un viñedo. Ella es fuerte y llena de energía es muy trabajadora. Se asegura de que sus negocios tengan ganancias; su lámpara está encendida hasta altas horas de la noche. Tiene sus manos ocupadas en el hilado, con sus dedos tuerce el hilo. Tiende la mano al pobre y abre sus brazos al necesitado. Cuando llega el invierno, no teme por su familia, porque todos tienen ropas abrigadas. Ella hace sus propias colchas. Se viste con túnicas de lino de alta calidad y vestiduras de color púrpura. Su esposo es bien conocido en las puertas de la ciudad, donde se sienta junto con los otros líderes del pueblo. Confecciona vestimentas de lino con cintos y fajas para vender a los comerciantes".*

Fíjate que la mujer de Proverbios no era cualquier mujer sin identidad. Es cierto que no trabajaba en las esferas del gobierno ni tenía derechos civiles, pero sí tenía una credibilidad inmensa y una presencia increíble en la vida de su familia. Ella enriquecía su hogar espiritual, emocional y físicamente. Se había ganado la credibilidad no tan solo en el hogar, sino en toda la comunidad porque era sabia, prudente, hacendosa, emprendedora, negociante. El proverbista la compara con un barco mercante porque suple todo lo que necesita su familia. Es una mujer que invierte en negocios, y multiplica el dinero del hogar. No teme al futuro porque es organizada, trabajadora incansable ("*de noche su lámpara no se apaga*"), y siempre ha provisto para que cuando llegue la necesidad, su familia no sufra carencias.

Esta mujer es tan excepcional que su fama y buen nombre trasciende las paredes de su hogar. Contribuye al éxito de su esposo en la vida pública. Así que no solo su esposo y sus hijos la alaban; el pueblo la reconoce. La Biblia dice que es mejor el buen nombre que el dinero. En este pasaje de Proverbios se destacan las cualidades que no mueren con el tiempo: el respeto a Dios y el buen nombre o buen testimonio. Estas cualidades no envejecen ni mueren con la persona. Trascienden y viajan en el recuerdo de la familia de generación en generación, marcando las futuras generaciones familiares con la vida de esa mujer virtuosa.

La mujer israelita en el Antiguo Testamento era la figura clave en el proceso de reproducción y crianza de los hijos. En esos tiempos tener muchos hijos era fundamental porque el pueblo tenía que enfrentar ataques de enemigos y peligros provocados por la naturaleza, así que mientras más numerosa fuera la familia, mejor podrían enfrentar a los enemigos y a los peligros de los fenómenos naturales. Eso explica el porqué la mujer estéril se consideraba afligida por Dios, mientras que la que tenía muchos hijos se consideraba bendecida.[4] En esta sociedad la identidad femenina dependía de la maternidad. Si tenía hijos era bendecida, y si no tenía, llevaba la vergüenza de cargar el sello de estéril.

¡Qué difícil ha sido quitar esos sellos negativos de la mujer, y hacerle entender que su identidad y su valor no guardan relación con lo que tiene o deja de tener! Somos valiosas porque Dios nos creó a su imagen y semejanza.

Esclava del qué dirán

¡Qué muchas cosas han cambiado en el concepto de la mujer del siglo XXI! Ha habido cambios positivos hacia la igualdad en oportunidades de empleo, en la visión de que el hombre comparta responsabilidades de la familia con la mujer, en que se respete la opinión de la mujer en la toma de decisiones. Pero como dice Sara Moreno, profesora adjunta de la Universidad Autónoma de Barcelona y especialista en sociología de género y vida cotidiana: "Nuestras madres no tuvieron tanto donde elegir, pero las estadísticas dicen que ahora tomamos más ansiolíticos y antidepresivos que ellas".[5]

Es cierto lo que afirma la socióloga. Hay liberación en unas áreas importantes, pero hay una esclavitud grande en otras. La mujer tiene más oportunidades y libertades que nunca antes, pero interiormente sigue presa de los falsos conceptos que deambulan como fantasmas en su mente, y la mantienen confinada a la presión social. El arrastre de los conceptos equivocados que la denigran sigue presente. Prueba de eso es que la mujer siente un peso terrible en su corazón si no se casa, si el esposo la deja y se va con otra, si está gorda, si es bajita, si es alta, si envejece.

• • • •

LA MUJER SE SIENTE RESPONSABLE DE TODO LO QUE PASA.

• • • •

En fin, la mujer se siente que es la responsable de todo lo que pasa a su alrededor, sea bueno o sea malo. Siempre está buscando la forma de complacer al hombre aunque vaya en contra de sus creencias. Quiere complacer a todos con el fin de ganar una aceptación de otros, mientras ella misma no se ha aceptado tal cual es. Por eso le preocupa tanto que sus amigas se casen mientras ella sigue soltera. Quiere hacer lo que todo el mundo hace, porque siente que se queda atrás. Cuando el hombre se va con otra mujer, lo primero que pregunta es: "¿Es más joven y más bonita que yo? ¿Es más gorda o más flaca que yo?".

Esa costumbre de estar comparándose con otras, y finalmente concluir erróneamente que es inferior a las demás, es lo que la mantiene esclavizada emocional y espiritualmente a lo que piensen de ella. Aunque la sociedad cacaree que la mujer es libre, la realidad que ves en las consejerías nos dicen que es esclava del qué dirán.

Por todas las razones que has leído, cuando la mujer se entera de que la mayoría de sus amigas se han casado, se siente que algo anda mal en ella. No piensa que tal vez sus amigas no escogieron la mejor pareja, y ¡a saber cómo les va que no le cuentan! No, ella piensa: "¡Qué vergüenza, no estoy haciendo lo que hace todo el mundo! ¡Qué dirá la gente! Pensarán que soy una problemática, será que soy fea, será que estoy gorda, será que me encuentran vieja. Pero ¿cómo es posible que Juanita que es más fea que yo, se casó? Bueno, para todo hay mercado. Pero ¿y para mí? Tengo el reloj biológico en contra porque ya tengo 28 años y nada se me pega". ¡Como si la mujer fuera una trampa de pega para cazar ratones! De ninguna manera se pueden anidar esos pensamientos equivocados porque afectarán a tus hijas y a ti, y seguirán repitiéndose de generación en generación.

Una mujer china llamada Wu es un caso fuera de lo común entre las mujeres de China. Ella confiesa: "Tuve suerte de que cuando era niña, mi madre me dijo que soy un ser humano antes que niña o mujer".[5] Esta afirmación de su madre fue más poderosa que la influencia social que ha marcado por tantos años a la mujer china con el pensamiento erróneo de la mujer soltera como sobrante. Estoy segura de que la enseñanza de su madre a su hija sobre el concepto que ella debía tener de sí misma fue más fuerte que la enseñanza social. La hija internalizó lo que su madre le decía y hacía. La hija vio en ella a una mujer decidida, y convencida de que no era un "sobrante".

Wu superó el molde social construido por todas las mujeres que siguieron lo que le habían transmitido otras mujeres de generación en generación porque se habían adaptado a lo que dice la mayoría. Su madre rompió el molde social, su hija rompió el molde social, y las que le sigan continuarán interrumpiendo esa cadena de sufrimiento y humillación por la que ha pasado la mujer. Wu es exprofesora de universidad y una defensora de los derechos de las mujeres. Es fundadora de una escuela para empoderar a las mujeres que viven en el campo. Por tu bien y el de tus futuras generaciones, aprende a valorarte, conoce que tu verdadera identidad no es la física; es la imagen de Dios que llevas marcada en tu corazón y se manifiesta en todo tu ser.

• • • •

APRENDE A VALORARTE.

• • • •

Amigas queridas, no se conformen al molde social, obedezcan lo que dice la Biblia en Romanos 12:2 (NVI):

> *"No se amolden al mundo actual, sino sean transformados mediante la renovación de su mente. Así podrán comprobar cuál es la voluntad de Dios, buena, agradable y perfecta".*

Si tomas la forma del mundo actual, deformarás la imagen que Dios tiene para ti. Renueva tu mente con los principios que están en la Palabra de Dios. Si incorporas los pensamientos de Dios a tu vida, serás verdaderamente libre, valiosa, desarrollarás tus capacidades al máximo, y lograrás una identidad sana que no dependerá de si te casas o no te casas, si tienes tal o cual cuerpo, si eres adinerada o no.

Conocer la voluntad de Dios para tu vida te dirigirá a actuar dignamente. Solo así vivirás a la altura de una mujer valiosa, y tomarás las decisiones sabias que te permitirán enfrentar cualquier circunstancia con la seguridad de que no estás sola; Dios está contigo.

Semilla de Amor

¡Mantén la calma, disfruta la espera!

¡Soy soltera y qué! Soy valiosa porque Dios me creó como una pieza única e irrepetible.

CAPÍTULO 2

EN BUSCA DE TU FELICIDAD

¿Has escuchado a una mujer soltera quejándose de que está sola y se quiere casar? Luego se casa, y se sigue quejando de la misma soledad. Entonces decide divorciarse por la misma soledad que había decidido casarse. Se divorcia y más tarde la encuentras cuando ya se ha divorciado y ¿sabes lo que te dice?: "Necesito un padre para mis hijos". En fin, la mujer tiende a dejarse llevar por los sentimientos para tomar decisiones que definirán toda su vida. Ella no se da cuenta que los sentimientos y los estados de ánimo son cambiantes. ¿Por qué en lugar de moverse por sentimientos que son variables, no aprende a decidir por los principios establecidos en la Palabra de Dios? Esos no varían con el paso del tiempo, y le conducirán siempre a determinaciones que le permitirán sentirse digna porque las instrucciones de Dios que están en La Biblia instruyen, corrigen, restauran y edifican.

> *"Toda la Escritura es inspirada por Dios y es útil para enseñarnos lo que es verdad y para hacernos ver lo que está mal en nuestra vida. Nos corrige cuando estamos equivocados y*

> *nos enseña a hacer lo correcto. Dios la usa para preparar y capacitar a su pueblo para que haga toda buena obra"* (2 Timoteo 3:16-17).

En una ocasión llegó a mi oficina una mujer que enviudó después de treinta años de casada. Su historia comenzó cuando una amiga casamentera le presentó a un hombre con el propósito de sacarla de su nuevo estado de soltería. La amiga entendía que vivir sola era muy triste porque, según ella, la mujer carece muchas veces de una ayuda para arreglar las cosas que se dañan en las casas y manejar asuntos del hogar, que, según ella, solo un hombre podía resolver. Ahí estaba la justificación perfecta que le presentó su amiga para sacarla de la soltería. Era una motivación equivocada para quien quiere lograr una relación amorosa efectiva, porque la necesidad no puede ser la motivación para llegar al matrimonio. Ante ese panorama, la viuda decidió hablar conmigo para conocer mi opinión sobre la decisión que estaba a punto de tomar.

• • • •

SI SE SIENTE SOLA, SU PROBLEMA ES INTERNO; NO LO RESUELVE UN HOMBRE.

• • • •

Le expliqué que ella tenía todo el derecho de volver a casarse, pero la consejería de su amiga no era recomendable para su vida. No estar sola y tener quien pinte la casa o arregle la plomería, no son los motivos que deben dirigir a una mujer a casarse. Si tiene que pintar su casa, la mujer puede buscar un pintor, le paga, y no tiene que dormir con el pintor. Si necesita quien arregle la plomería, busca un plomero, y tampoco tiene que dormir con él. Si se siente sola, su problema es interno; no lo resuelve un hombre. Le hablé y le expliqué a la viuda que nos casamos si queremos compartir la felicidad que ya hemos logrado individualmente.

No nos casamos para ser felices ni para tener quien nos tenga la casa al día. A pesar de todo, ella decidió casarse con el hombre que su amiga le había presentado.

A los pocos meses vino nuevamente a consejería, llorando porque se sentía más sola que antes. Ahora la soledad era más triste aún. Tenía un hombre en cuerpo presente, pero su corazón estaba muy lejos de ella. ¿Qué ganó con el casamiento? Enfermarse por el estrés que le generaba la actitud de su nuevo esposo: le molestaba que fueran los hijos de ella a visitarla, y le mortificaba la algarabía que hacían los nietos cuando llegaban a la casa. Como consecuencia de la tensión que estaba experimentando, esta mujer sufrió un ataque del corazón que la mantuvo en el hospital unas semanas.

Finalmente, después de cinco años de matrimonio se divorció porque no tenía tranquilidad como consecuencia del estrés generado con su casamiento. Ya divorciada, ahora se sentía triste por haberse convertido en una mujer divorciada. Quien no es feliz solo, siempre encontrará razones para mantenerse infeliz, aunque cambie de escenario. Porque la infelicidad es un estado de insatisfacción que el ser humano lleva muy adentro, y quiere superarlo de manera incorrecta. El cuerpo se alimenta con comida, pero el espíritu y la vida emocional no se satisfacen con comida ni bebida, sino con la palabra que sale de la boca de Dios. Y hay que entender cómo buscar la felicidad correctamente porque muchas influencias modernas obstruyen la felicidad.

La cultura del "yo"

El ensayista francés Pascal Bruckner afirma que la sociedad que ha dado más importancia a la felicidad individual es la que cuenta con un porcentaje importante de insatisfechos e infelices.[1] Concuerdo con esta aseveración de Bruckner. Para poder comprender por qué hay tanta insatisfacción en una sociedad que tiene tantas ansias de ser feliz, es necesario explicar que estamos en una época histórica que ha sido denominada postmodernismo. La época anterior, conocida como modernismo, se caracterizó por el predominio de la razón, mientras la actual valora las emociones personales por encima de la razón. Los postmodernistas piensan que si cuando predominó la razón y la ciencia hubo tantos desaciertos como la explosión de la bomba atómica y la aparición del Sida (Síndrome de inmunodeficiencia adquirida), entre otros, ¿por qué seguir confiando en ellas?

La bomba atómica no solamente terminó con la vida de muchas personas, sino peor que esto, acabó con la esperanza. Como consecuencia de esa pérdida, también murió la fe en el progreso. Ante toda esta atmósfera de pesimismo, el postmodernista piensa que no existen posibilidades de cambiar o mejorar la sociedad. Por tanto, si no hay posibilidad de mejorar el mundo, decide vivir plenamente el momento presente. Esta actitud se oye bonita como "vivir plenamente", sin embargo, cuando se habla de vivir plenamente, ellos se refieren a que todo es permitido después que le haga sentir felicidad al individuo. Como podemos ver, las emociones tendrán la prioridad por encima de los principios.

Quien apoya lo que define esta época postmodernista estará incluido en la lista de los insatisfechos porque aunque tengan el deseo de ser felices, lo que da felicidad al ser humano no es el darle rienda suelta a las emociones complaciendo los apetitos del cuerpo. Diariamente vemos que quien vive satisfaciendo lo que le dictan las emociones, termina destruido moral, espiritual y hasta físicamente. Esta forma de pensar postmodernista se caracteriza por la ausencia de reglas, lo que revela también la crisis de ética que se manifiesta en estos tiempos. Toda ley o norma que vaya en contra de la "felicidad personal" se ignorará. Lo que determina la moralidad son las preferencias personales y los sentimientos del yo. Ya no es importante lo que está bien, sino lo que da placer. Y fíjate que lo que genera placer, cada día exige más porque el cuerpo se acostumbra a este, y ya tiene que aumentar la dosis, ya sea de amor compulsivo, comprar compulsivamente, drogas, juego, alcohol, maltrato, sexo, tabaco, celular, y todo lo tecnológico.

Los centros comerciales son las catedrales del individuo postmoderno porque el consumo se ha convertido en la religión que promete felicidad inmediata. El ser lo define el poder adquisitivo que tenga el individuo. Si no puede comprar, si no tiene recursos, deja de ser. Refugiarse en esta cultura como "fuente" de felicidad, sin dudas no es el camino.

Mantente ocupada

Otra característica que predomina en esta época es la cultura del ocio que se percibe en la cantidad de opciones que hay para matar el tiempo. Se llega a matar el tiempo hasta con las relaciones humanas y sexuales que se anuncian en periódicos, revistas, radio y otros medios. Las personas necesitan anunciarse, ponerse en "especial" para poder tener el amor y la amistad de otros. Lo más importante que se destaca en esta época es que se glorifica el valor del individuo, y el derecho que tiene de realizarse y ser libre. Así que en honor a esto, celebra la cultura del placer sin pensar en los demás.

El mandamiento bíblico de "Amarás a tu prójimo como a ti mismo" ha sido transformado para el postmoderno en "Ámate a ti mismo y olvídate de tu prójimo". El prójimo del postmoderno es él mismo, y solo él. Las personas ya no se definen por su existencia, sino por su apariencia. Lo importante no es "ser", sino "parecer". Lo que importa es la imagen, lo artificial, lo que no es la realidad. Esta es la cosmovisión de nuestros tiempos, y es así cómo varios pensadores claves de los movimientos postmodernos han descrito la sociedad que nos ha tocado vivir y han hecho su aportación sobre su interpretación. Frente a ese panorama de egoísmo, despilfarro de placer, ausencia de reglas y de principios y, por consiguiente, ausencia de Dios, ¿cómo podemos esperar que el ser humano sea feliz?

Si a la filosofía de esta época le agregamos el ocio, tenemos la combinación perfecta para caer precipitadamente en la tentación, porque una mente desocupada es la cueva de pensamientos negativos que revolotean sin control. Aquí es donde la mujer se siente sola porque empieza a viajar del pasado al presente, y a recrear los momentos tristes, los de rechazo, los de abandono, los de maltrato. Finalmente cede a la tentación de cualquiera que le esté diciendo cosas bonitas, aunque sea un diablo y esté casado.

• • • •

UNA MENTE DESOCUPADA ES LA CUEVA DE PENSAMIENTOS NEGATIVOS.

• • • •

Existen otros peligros en los que el ocioso puede caer: vicios, depresión, enfermedades cardiovasculares y algunos casos de diabetes. Mientras el tiempo transcurre, el perezoso deja la acción para "mañana", "para otro día", sencillamente porque vive detenido en el tiempo, sin percatarse de que los días pasan como el viento, y no se puede recuperar el tiempo perdido.

La Biblia nos habla de las consecuencias de la pereza, y nos exhorta a no seguir nunca ese camino en el que se encuentra tanto fracaso. La persona perezosa:

- Busca siempre una excusa para evadir sus responsabilidades y no hacer su trabajo.

  "El perezoso afirma: «¡Hay un león allí afuera! ¡Si salgo, me puede matar!»" (Proverbios 22:13).

- Cree que lo sabe todo. No escucha consejos.

  "Los perezosos se creen más listos que siete consejeros sabios" (Proverbios 26:16).

- No cuida su propiedad, porque no la valora.

  "Pasé por el campo de un perezoso, por el viñedo de uno que carece de sentido común. Vi que habían crecido espinos por todas partes. Estaba cubierto de maleza, y sus muros destruidos. Entonces, mientras miraba y pensaba en lo que veía, aprendí esta lección: un rato más de dormir, un poquito más de sueño, un breve descanso con los brazos cruzados, entonces la pobreza te asaltará como un bandido; la escasez te atacará como un ladrón armado" (Proverbios 24:30-34).

- Estará siempre en necesidad porque no produce.

  "Los perezosos duermen profundamente, pero su ocio los deja con hambre" (Proverbios 19:15).

- Es indiferente a lo que pasa a su alrededor.

  "Por la pereza se cae la techumbre, y por cruzarse de brazos hay goteras en la casa" (Eclesiastés 10:18 RVR 1995).

No permitas que la pereza ocupe tu corazón. Tú puedes esforzarte, y lograr todo lo que te propongas en la vida con la ayuda de Dios. Valora cada minuto que pasa, y no te canses nunca de seguir los principios divinos.

La victimización de la mujer soltera ha provocado el que esta llegue a creer que sola se morirá, se le caerá la casa encima, no podrá sacar adelante a sus hijos. Mujer, tú no eres cualquier cosa que Dios creó y la tiró al vacío. Dios te hizo única, irrepetible, llena de talentos y habilidades, pero muchas veces te has dejado llevar por la pena de ti misma y te has quedado cruzada de brazos esperando que "algo" pase, sin tomar acción alguna. Es como si dejaras tu vida a la suerte. Por eso el predicador dice en el libro de Eclesiastés que la casa de quien se mantiene con los brazos cruzados goterea, y como no decide corregir la gota, con el tiempo se cae ante la mirada indiferente del dueño. Así mismo, si tú no corriges tu concepto de soltera y tu visión de ti misma, te destruyes, en lugar de usar este tiempo en que te encuentras libre de la responsabilidad de un esposo, para florecer.

• • • •

No permitas que la pereza ocupe tu corazón.

• • • •

Es importante que disfrutes tu soltería, te ames a ti misma, seas productiva, y tengas tiempo de diversión sana en la que compartas con buenas amistades. Pero ese tiempo de diversión no puede ser mayor que el de dedicación a tu familia, a Dios y a tu trabajo. Mucho tiempo sin hacer nada productivo abre las puertas a acciones indebidas que te perjudicarán. Es necesario mantener ocupada la mente. Debes saber que mientras la mente está ejecutando una actividad en la que estás concentrada, no puede divagar en otros pensamientos. ¿Cuándo sentimos más los dolores? En la noche, en el tiempo de descanso sentimos todos los dolores que durante el día pasaron inadvertidos, y percibimos hasta los ruidos más insignificantes. Cuando las personas están ocupadas y concentradas en una tarea, el cerebro bloquea el dolor.

El Dr. Joe Dispenza afirma: "Es donde ponemos nuestra atención y en qué ponemos nuestra atención, lo que traza el curso mismo de nuestro estado de ser".[2] Es a lo que le dedicamos nuestra atención lo que se convierte en acción, y finalmente nos define. Si pensamos mucho en algo que ya pasó que nos provocaba ansiedad, al volver a recordarlo le damos vida y nos provoca la misma ansiedad de cuando pasó en realidad. Si quieres disfrutar de salud mental, selecciona los pensamientos que vas a permitir fluir en tu cerebro, y no les des vida a los negativos.

• • • •

A LO QUE LE DEDICAMOS NUESTRA ATENCIÓN FINALMENTE NOS DEFINE.

• • • •

¡Descubre en este tiempo cuántas capacidades Dios ha puesto en tu vida! ¿Qué no has hecho que te gustaría llegar a realizar? ¿Qué pasos debes dar para lograrlo? Llena tu vida de esperanza, amístate con Dios. No te mires a ti misma como una pobrecita mujer que está soltera, posiblemente con hijos, y sin los recursos necesarios para salir airosa de las situaciones que estás viviendo. Considérate una mujer maravillosa a quien Dios ama y quiere bendecir. ¡Tú no estás sola ni desamparada! ¡Tú puedes superar cualquier circunstancia con la ayuda de Dios!

¡Mujeres, despierten!

Este es el escenario en el que estamos viviendo. No podemos dejarnos arrastrar por la filosofía imperante de este siglo que busca la felicidad donde no se encuentra: en las emociones, y lejos de la fuente que realmente llena nuestro corazón y transforma nuestra vida: Dios. La Biblia dice que es feliz el hombre que no sigue el consejo de los malos, sino el que se deleita, el que disfruta meditando y poniendo en práctica los principios de la ley de Dios. Esto sí es felicidad, esto sí nos llena de paz, y nos aleja de la tentación de darle al cuerpo todo lo que pide. Porque la disciplina forma parte esencial de la felicidad que pueden alcanzar, tanto la mujer como el hombre, para tener sosiego y paz. Los grandes imperios han caído por el desenfreno y las pasiones desordenadas.

Todo lo que es excelente cuesta esfuerzo, dedicación, entrega y negación del yo para que el ser extraordinario que nos creó se manifieste totalmente en nuestra vida, y podamos decir como el apóstol Pablo: "*Ya no vivo yo sino que Cristo vive en mí*" (Gálatas 2:20). Ese sosiego, esa paz que solo Dios ofrece y regala a quien está dispuesto a recibirla, se llama felicidad y la podemos lograr aun en medio de la tormenta. Con Dios en nuestra vida, nos sentimos seguras; tenemos un rumbo claro que debemos seguir. Sabemos que Dios tiene un plan perfecto que nos llevará a realizarlo, si nos sometemos a su voluntad.

• • • •

LO QUE ES EXCELENTE CUESTA ESFUERZO, DEDICACIÓN, ENTREGA Y NEGACIÓN DEL YO.

• • • •

> "*Dichoso el hombre que no sigue el consejo de los malvados, ni se detiene en la senda de los pecadores ni cultiva la amistad de los blasfemos, sino que en la ley del* Señor *se deleita, y día y noche medita en ella*" (Salmo 1:1-2 NVI).

Mientras la filosofía de este mundo fomenta el caos, el placer y lo que está en contra de los principios divinos, Dios te invita a conocer su voluntad que es buena, agradable y perfecta. El pecado, que es la desobediencia a la Palabra de Dios, mantiene al ser humano en oscuridad, pero los cristianos que hemos nacido de nuevo vemos claramente el camino por el cual Dios nos dirige.

> "*La bendición del* Señor *enriquece a una persona y él no añade ninguna tristeza*" (Proverbios 10:22).

Semilla de Amor

¡Mantén la calma, disfruta la espera!

Mientras esperas, descubre la alegría de vivir, y desarrolla las múltiples capacidades que Dios ha puesto en ti.

Capítulo 3

¡ES QUE NO HAY HOMBRES BUENOS YA!

¿Será que ya no existen hombres buenos? ¿O será que tú solo atraes, o te enamoras de hombres malos? ¿Has intentado encontrar en ti por qué atraes o escoges inconscientemente ese tipo de hombres? Es más fácil responsabilizar a otros por las decisiones que has tomado, que admitir que donde estás, lo que eres, y lo que has logrado en las diferentes áreas de tu vida es el producto de tus decisiones. Esto no es para que te entristezcas, ni para que te sientas culpable. Es para que tengas presente que en tus manos, y solo en tus manos está el cambiar el rumbo de tu vida.

No hay una mala suerte que te ha llevado hasta donde te encuentras. Si cambias tu manera de pensar y aprendes a tomar buenas decisiones, encontrarás que hay un mundo maravilloso de oportunidades que puedes usar a tu favor para cambiar la dirección que lleva tu existencia. El lamento y la generalización negativa de que ya no se encuentran hombres buenos no te conducirán a encontrar a la persona idónea para compartir el resto de tus días. Tampoco te harán sentir mejor.

Cuando en las consejerías escucho decir a mujeres, que se han divorciado y se han casado tres veces con hombres que son maltratantes, irresponsables, viciosos, holgazanes y con otras actitudes negativas que afectan la vida de quienes viven con ellos, les dirijo a analizarse y a reflexionar, no viéndose como víctimas indefensas a quienes han maltratado, sino como mujeres que decidieron escoger a esa persona como compañero de vida. Entonces les pregunto: "¿Qué elemento hay en tu vida que te sientes atraída por ese tipo de hombres que te ha dirigido a equivocarte en tres ocasiones al seleccionar la persona con quien decidiste casarte?".

Es imprescindible analizar lo que nos lleva a tomar malas decisiones. Si no identificamos lo que nos conduce a una mala decisión, jamás corregiremos la raíz del problema que nos induce a equivocarnos. Es como el hombre que chocó tres veces en un día, y llegó a la equivocada conclusión de que las mujeres no saben guiar. El problema era él, no las mujeres.

• • • •

Es imprescindible analizar lo que nos lleva a tomar malas decisiones.

• • • •

La mujer, en lugar de mantener la calma, evaluar su vida y su relación conflictiva al momento de decidir terminar una relación, innumerables veces lo que hace es señalar en lo que el hombre le falló. No reflexiona en lo que ella pudo haberse equivocado. Continúa su proceso de búsqueda de un enamorado, aplicando el mismo procedimiento que usó con el anterior. Con esto lo que hace es repetir los mismos errores. No evaluó los acontecimientos que la llevaron al rompimiento de su relación. Si falla el procedimiento al tomar una decisión, necesitas ver en qué te equivocaste; no para torturarte, sino para no repetir el mismo error.

Harville Hendrix, educador y terapeuta, autor del libro *Amigos y amantes*, afirma que en la psicología social hay una teoría que explica cómo las personas seleccionan una pareja. Esta teoría se conoce como la teoría de intercambio;[1] es la que explica que elegimos a la pareja que sea más o menos igual a nosotros. En consejería he visto muchas veces ese fenómeno en acción. Por ejemplo, un drogadicto con una drogadicta; un maltratante con una maltratante o una que se ha criado en un hogar de maltrato. Pero también he visto hijas de alcohólicos que se casan con alcohólicos, aunque ellas no tengan ningún vicio.

Se dice que esto ocurre porque la hija escoge inconscientemente a un hombre que tenga los mismos defectos de su papá para corregirle a él lo que ella no le pudo corregir cuando era niña, porque este representaba una autoridad a quien ella no podía disciplinar. Sin embargo, ahora aquella niñita se ha convertido en una mujer adulta, y piensa equivocadamente que aunque no pudo cambiar a su papá, a su pareja sí la puede cambiar porque está en la misma línea de autoridad que ella. Por esa razón lo selecciona.

Aquí lo más significativo es que no importa cuál sea la razón por la que la mujer escoge una y otra vez el mismo tipo de hombre, en tu soltería debes aprovechar el tiempo para reflexionar:

- ¿Cómo está tu vida interior?
- ¿Qué lugar ocupa Dios en tu corazón?
- ¿Qué debilidades posees que te hacen daño en el desarrollo de tus capacidades?
- ¿Cuáles son los conflictos no resueltos que puedes identificar en tu ser?
- ¿A quién todavía no has perdonado?
- ¿Cómo administras tu dinero, tu vida, y tu tiempo?

- ¿Qué costumbres tienen tus amistades?
- ¿Qué metas te has propuesto a corto y a largo plazo?
- ¿Cuánto te valoras?
- ¿Cómo te sientes contigo misma?

Estas son algunas, entre otras reflexiones que debes hacer para que tengas una vida con propósito. No te puedes perder en las distracciones de la cotidianidad que te alejan de resolver tus problemas, y te sumergen en placeres que aparentemente callan tu dolor emocional, pero no lo sanan. ¡Cuántas mujeres vemos en bares y en discotecas, bebiendo y desperdiciando el tiempo en algo que no les aprovecha para nada! ¿Qué conversación edificante tendrán personas que están tomando alcohol, que es nocivo para la salud y las enajenan de la realidad? ¿A quién conocerán en ese ambiente en el que cada quien va a ahogar sus penas en el humo y el alcohol? Un corazón conflictivo, apesadumbrado y amargado no tiene la claridad mental necesaria para tomar buenas decisiones.

Las personas amargadas por experiencias negativas tienden a generalizar a base de las experiencias negativas vividas. Es por eso que llegan a pensar y a comentar: "¡Es que no hay hombres buenos ya!", o "¡Todos los hombres son unos sinverguenzas!". No, eso es falso. Eso es como decir: "Es que no hay mujeres buenas ya, todas son unas abusadoras". La actitud correcta debe ser:

- ¿Qué aprendí de mi equivocación anterior?
- ¿Qué errores cometió él?
- ¿Cuáles errores cometí yo?

- ¿Qué voy a hacer para hacer una buena selección de pareja la próxima vez?
- ¿Cuáles conductas mías tengo que modificar para tener éxito en una próxima relación?

La influencia del primer hombre en tu vida

¿Sabías que tu papá ejerció una influencia grande en tu vida, ya sea que lo hayas tenido, o que lo hayas tenido invisible, o que no lo hayas tenido presente? Hace muchos años enseñé en un colegio de niñas y adolescentes. Siempre me llamó la atención la reacción de algarabía de ellas cuando venía un hombre a prestar algún servicio al colegio. Yo me preguntaba: ¿Por qué un hombre causa tanto revuelo entre las niñas, qué es lo que pasa que tantas mujeres viven llorando por un hombre que no está, por uno que se ha ido o por uno que las está maltratando? ¿Por qué para tantas mujeres un hombre es el centro de su existencia? ¿Por qué tantas mendigan el amor ante alguien que las desprecia y las hiere? ¿Por qué tantas soportan maltrato, por una migaja de supuesto amor?

Es necesario que comprendas que lo que piensas de ti, los sentimientos que tienes acerca de ti misma, y la relación que actualmente tengas con otros hombres revelan la influencia de tu padre en ti. Esto lo pude comprobar aquel día que visité la librería y mis ojos se enfocaron en el título *Siempre seré tu niña pequeña* de H. Norman Wright. Cuando leí el título retrocedí en el tiempo a mi niñez y me sentí en los brazos de mi padre. Aquel título me trajo tantos recuerdos hermosos, sentí tanta ternura, y yo repetí en mi diálogo interior: "Sí, papi, siempre seré tu niña pequeña".

Norman Wright, un consejero matrimonial, afirma que tu padre fue el primer hombre en tu vida de quien quisiste conseguir atención. Fue el primer hombre que te abrazó y te besó, el primero que supo apreciarte como una niña especial entre todas las demás.[1] ¿Pero qué pasa cuando papá no está, no existe, y esa niña no recibe esa afirmación ni los besos ni los abrazos? La niña crece con un vacío, porque no recibe el mensaje de su papá que le dice que ella es especial. Papá es quien afirma nuestra feminidad. Es el primer hombre que nos dice qué linda te ves, qué bonito te queda el vestido, qué bello tu cabello. Cuando papá está ausente o cuando está presente en cuerpo, pero ausente emocionalmente, la niña tiene que descubrir sola su feminidad. Estas son las niñas que al crecer van a tener pésimas relaciones con los hombres.

• • • •

PAPÁ ES QUIEN AFIRMA NUESTRA FEMINIDAD.

• • • •

El psicoterapeuta Leon Hammer explica que el hombre debe reaccionar frente a cada uno de los aspectos de la feminidad de su hija: su cabello, su cuerpo, su ropa, su risa, su voz, su manera de caminar, sus gestos.[2] Cuando los papás les demuestran a sus hijas su cariño, y les hacen sentir que son felices al abrazarlas, al besarlas, y al jugar con ellas, le están afirmando su feminidad. Ellas se sienten aceptadas y amadas como mujeres. El Dr. Norman Wright explica: "Cuando una niña crece y se hace mujer sin tener la ventaja de tener un padre que la afirme como mujer, se convierte en lo que describió un escritor, en una 'amazona armada'".[3] El diccionario define "amazona" como una mujer cazadora y guerrera descendiente del dios de la guerra Ares que, según la leyenda, se amputaba el seno derecho para facilitar el manejo del arco. Las amazonas se autogobernaban y no aceptaban la intervención de hombre alguno.[4]

Quiere decir que la joven que no ha sido afirmada por su papá muchas veces reacciona a esa negligencia de su padre, adoptando algunas de las funciones masculinas de la paternidad. Así ella representará la imagen masculina que su padre no supo representar, de acuerdo al Dr. Wright. Aparentando ser fuerte con esos rasgos masculinos, ella se protege del dolor de haberse visto rechazada o abandonada por su padre. ¿Te sentiste afirmada por tu papá? ¿Admiraba él tu manera de vestir, de maquillarte, como lucías, o fue indiferente a tu ser como mujer?

Creo que son pocos los hombres que tienen este conocimiento, y muchas las hijas que caminan sin sentirse afirmadas por ese primer hombre de su vida. Como resultado de esta situación vemos a tantas mujeres buscando en un hombre eso que ellas mismas no saben que se les perdió, "la afirmación de papá", que les diga: "Eres importante, inteligente, bella, valiosa, eres mujer". Es importante que los padres destaquen en sus hijas no solo sus atributos físicos, sino también los mentales y espirituales, de tal forma que ellas aprendan a valorarse no solo por su parecer, sino por su ser.

Un especialista en cirugía plástica me comentó que una paciente le pidió que le hiciera unos senos grandes, de tal manera que cuando los hombres la vieran lo primero que les llamara la atención fueran los senos. Nosotras somos más que senos, piernas y caderas; somos creación perfecta de Dios. Cuando se carece de afirmación paterna, las hijas se sienten objetos sexuales que valen solo por su físico. Analiza tu relación con tu papá, y luego analiza tu relación con la figura del hombre, no para fijar culpas, sino para perdonar a quien te negó la afirmación de tu feminidad. Es necesario perdonar porque tu padre te dio lo que posiblemente le dieron, y te negó lo que le negaron. Si tú ahora tienes este conocimiento, te ayudará a reflexionar, a enmendar tus errores, y a enseñarles a otros la importancia de ser un padre presente.

¿Cómo fue tu relación con tu padre cuando llegaste a la adolescencia? Muchas veces cuando llega la adolescencia, los padres erróneamente se alejan de sus hijas porque sus cuerpos están cambiando de niña a mujer. Sin embargo, aunque las hijas crezcan, necesitan continuar con el contacto físico de sus padres. Las jóvenes que se convierten en promiscuas en la adolescencia con frecuencia proceden de hogares donde los papás no han sido afectuosos. De ahí que tantas mujeres corran detrás del amor de un hombre.

La figura de papá influye poderosamente en lo que las hijas esperan de un hombre. Por eso vemos historias trágicas de mujeres que atraen hombres malos una y otra vez. Llegan a creer que ya no hay hombres buenos, sin percatarse que ellas tienen una imagen de hombre plasmada en su ser de lo que fue su padre, e inconscientemente atraen a los hombres equivocados, con la fuerza de un imán. Estas niñas que han carecido del amor de papá, con frecuencia, cuando se convierten en mujeres, inconscientemente continúan haciendo el papel de víctimas escogiendo un hombre muy parecido o igual a su papá.

• • • •

PAPÁ INFLUYE PODEROSAMENTE EN LO QUE LAS HIJAS ESPERAN DE UN HOMBRE.

• • • •

Yo soy testigo de lo que es tener una padre bueno, amoroso y cariñoso que me hizo sentir linda y valiosa desde pequeña. Cuando llegué a mis dieciséis años, yo tenía una buena imagen del hombre que yo quería: que amara a Dios, debía ser responsable como mi papá que tenía un crédito excelente, trabajador, honrado como mi papá, que amara a mis padres y a mis hermanos, que no me pidiera sexo antes del matrimonio. Fíjate que ahora yo me evalúo, y todo lo que yo buscaba eran características del ser interior, que es lo que permanece con el paso de los años. Esa imagen de hombre se hizo real en quien ha sido mi esposo por cuarenta y un años. Por esa razón, *Siempre seré tu niña pequeña* es mi libro amado, y lo atesoro después de tantos años. Me siento tan feliz cuando pronuncio la palabra "papi", porque me sabe a ternura, a dulzura. Fue mi primer hombre en mi vida que me amó y me honró siempre. Vivo agradecida de Dios por habérmelo regalado. Murió joven, a los cincuenta y cinco años, pero su recuerdo, su sonrisa y su amor han quedado impregnados en mi vida para siempre.

• • • •

DECIDE ELABORAR UNA CADENA DE AMOR.

• • • •

Pero, Norma, ¿qué hago si no tuve ese papá que me afirmara? Ni atascarse en el pasado ni culpar a otros resuelve nada. Ya no eres la niña indefensa. Ya eres una mujer que hoy te has dado cuenta que te faltó sentirte amada por la figura del hombre papá. Por tanto, te levantas no importa cuántos disparates hayas cometido, y le abres tu corazón al Padre que nunca falla, que te amó desde antes de la fundación del mundo. Él te extiende sus brazos para acunarte con ternura, diciéndote que aunque tu padre y tu madre te abandonaron, Dios te recogerá. Esa promesa está en la Biblia.

> *"Aunque mi padre y mi madre me dejen, con todo, Jehovah me recogerá"* (Salmo 27:10 RVA).

Alguien tiene que romper el ciclo del dolor, de la negación de amor, del rechazo y del abandono, y esa eres tú. Rompe la cadena de desamor que ha ido eslabonándose de generación en generación en tu familia, y decide elaborar una cadena de amor para los que te sigan.

Sí, hay hombres buenos todavía, pero para seleccionarlos es necesario estar sana espiritual y emocionalmente. Porque el ojo dañado escoge lo dañado, pero el ojo sano escoge lo excelente porque sabe lo que se merece.

Semilla de Amor

Mantén la calma y disfruta la espera.

Sana primero tu ausencia de papá para que puedas reconocer que eres valiosa, hermosa e inteligente. Cotízate alto. Mereces lo mejor.

Capítulo 4

CASADOS A LA CAZA... ¡CUÍDATE!

Salía del banco cuando escuché una voz que me llamaba y me decía: "Usted es Norma Pantojas". Ya yo sé que después de esa pregunta, viene la confesión. ¡Y así fue! Esta mujer acababa de salir de un hospital psiquiátrico, hecha pedazos. Sentí mucha compasión al escucharla porque su historia es la de muchas mujeres que están solteras, y se sienten atraídas por un hombre casado. Innumerables veces, la mujer soltera es vista por los hombres como alguien muy necesitada de tener un hombre. Esa actitud abona a que el sexo masculino vea una mujer soltera e inmediatamente identifique el letrero invisible que ellos piensan que todas llevan colgado en la frente: "se busca hombre, no importa las condiciones".

O tal vez es cierto. Hay mujeres solteras que sienten necesidad de un hombre porque no han resuelto sus problemas internos de soledad. Otras por esa misma inseguridad se permiten ser víctimas de la presión de "amigas" que les recuerdan que "están fuera de mercado" y que "los buenos están casados", y están vulnerables al primer cuento triste que les hace un hombre, aunque esté casado.

Con frecuencia, el hombre casado viene a conquistarte con un libreto de víctima. Te dice que su esposa no lo atiende, y pobrecito de él que vive angustiado en una relación que mantiene solo por amor a sus hijos. Es más, hace años que duermen en dormitorios separados en la misma casa. Su esposa es la villana, y él es el santo varón que al fin encuentra en una mujer como tú a alguien que le comprende. Según él, ¡tú eres la mujer de su vida! ¡Qué pena no haberte conocido antes!

Pero hay hombres casados con otros estilos. Te habla maravillas de su esposa, pero el problema es que no se casó con ella por amor, y ahora busca al amor de su vida... O su esposa es una "gran" mujer, pero él "creció" con los años, ella no "creció" al nivel de él, y ya "el matrimonio no funciona", como si el matrimonio fuera una máquina de cortar grama que se dañó (¿no será que el que no funciona es él?). O él tiene muchísimo dinero y prestigio social, y se dedica a resolver con su dinero los problemas económicos a las mujeres vulnerables, como estrategia para enamorarlas. Otro puede ser tu jefe y amenazarte con hacerte perder tu trabajo o tus contratos si no te conviertes en su amante (Este repórtalo a las autoridades y sal corriendo).

Otro más puede ser un amorcito platónico (ahora casado) de algún momento en tu vida, y cuando te lo encuentras, él te recuerda aquella canción de "lo que pudo haber sido y no fue". Pues si no fue, no fue. ¡Es tarde ya! El *Facebook* ha venido a traer amores de la época de cuando tenían quince o dieciséis años. Cuando se encuentran en el *Facebook*, ellas piensan ingenuamente que a él lo congelaron en el tiempo, y que es el mismo jovencito con las mismas cualidades y costumbres de muchos años atrás. Por eso mismo es que ellas se deslumbran al instante, e inmediatamente comienzan a convivir con el hombre de cuarenta años como si fuera aquel mismo de quince. Pero la realidad es otra y el final está lleno de lágrimas.

¿Y si te dijera que en pleno Siglo XXI los hay que se hacen pasar por solteros, y su actuación teatral es casi perfecta? ¡Hasta la mujer más sagaz se comería el cuento! Esos son los momentos cuando el Espíritu Santo en ti se luce despertando tus sospechas. ¡Desaparece tan pronto las confirmes!

Decide que jamás mantendrás una relación con un hombre que ya te está demostrando que es infiel, y le ha fallado a Dios, a él mismo y a su familia. ¿Cómo te vas a enamorar de un hombre así? El amor hay que razonarlo. No te puedes dejar arrastrar por alguien que no te conviene. Tú quieres a un hombre fiel, decente, que honre su palabra y se comprometa contigo; no a un náufrago que finge estarse ahogando para que tú lo rescates. Para salvavidas, ¡su esposa!

Estos hombres que piensan así siempre están alertas para cazar el tipo de mujer que luce vulnerable, y suplir la necesidad que ellos interpretan como sexual. Sin embargo, muchos de ellos saben que tienen que iniciar su conquista por el área emocional. Lucen muy tiernos porque no tienen prisa por llegar a la cama. ¡Claro, si tienen llena su cuota, esperan hasta que tú caigas como blanca paloma en su nido!

En la vida real

Esa buena mujer que me encontré me contó la historia de su vida en cinco minutos, pero su agonía fue de largos años. Conoció a un hombre que fue su novio por dos años. Cuando ya estaban cerca de la fecha de su boda, ella se enteró de que tenía otra novia y estaba embarazada. Ella terminó la relación, él se casó con la otra, y pasados dos años la volvió a buscar. La primera reacción fue que no podía ser. Pero luego él se describió como la víctima más grande del siglo XXI, porque su esposa no lo atendía, que se había casado con ella por ser un padre responsable con el hijo que iba a nacer, que no amaba a su esposa como la había amado a ella, que ella era la mujer de su vida, y que se quería divorciar para casarse con ella.

Después de ese discurso palabrero de él, ella flaqueó, le creyó, quedó conmovida al ver a aquel "pobre hombre tan indefenso descuidado por su esposa", y comenzaron una relación. Había sido novia de él, y ahora era la amante. Desde ese momento comenzó una relación que culminó en una convivencia de veinticinco años, de la cual nació una bebé que hoy día tiene veintidós años. No olvidemos que yo la conozco el día en que salió del hospital psiquiátrico después de veinticinco años de una relación en la que todos los años él le prometía que dejaría a su esposa y se casaría con ella, pero nunca lo hizo.

La relación culminó cayendo ella en el agujero de una depresión severa, y él al borde del suicidio, cargando con dos relaciones a la vez y con hijos en ambas. El balance de esa relación fue infelicidad por todos lados, e hijos criados desarraigadamente producto de una relación ilegal, sin el calor de un hogar estable fundado en los principios divinos. Ya han pasado unos cuantos años más, y ninguno de los dos ha resuelto su situación. Ambos son dos infelices sumados a la infeliz esposa del hombre. Ambos privaron a sus hijos de tener un padre y una madre dedicados a formarlos espiritual y emocionalmente estables. Todos han perdido treinta años de sus vidas por no saber tomar decisiones y por no dejarse dirigir por el libro que contiene la voluntad de Dios para las criaturas que Él mismo creó.

¿Cuál es la voluntad de Dios para el hombre?

- Es la voluntad de Dios que vivamos por encima del pecado.

  "La voluntad de Dios es que sean santos, entonces aléjense de todo pecado sexual. Como resultado cada uno controlará su propio cuerpo y vivirá en santidad y honor, no en pasiones sensuales como viven los paganos, que no conocen a Dios ni sus caminos" (1Tesalonicenses 4:3-6).

- Es su voluntad que tengamos corazones agradecidos. *"Sean agradecidos en toda circunstancia, pues esta es la voluntad de Dios para ustedes, los que pertenecen a Cristo Jesús"* (1 Tesalonicenses 5:18). En una sociedad de quejas, lamentos y murmuraciones, es muy fácil caer en un patrón de ingratitud. Dios desea que tengamos corazones agradecidos.

- Es la voluntad de Dios que andemos rectamente. *"La voluntad de Dios es que la vida honorable de ustedes calle a la gente ignorante que los acusa sin fundamento alguno. Pues ustedes son libres, pero a la vez, son esclavos de Dios, así que no usen su libertad como una excusa para hacer el mal"* (1 Pedro 2:15,16).

- Es la voluntad de Dios escuchar nuestras oraciones. *"Ésta es la confianza que tenemos al acercarnos a Dios: que si pedimos conforme a su voluntad, él nos oye"* (1 Juan 5:14 NVI).

- Es la voluntad de Dios que los cristianos se amen. *"Queridos amigos, sigamos amándonos unos a otros, porque el amor viene de Dios. Todo el que ama es un hijo de Dios y conoce a Dios; pero el que no ama no conoce a Dios, porque Dios es amor"* (1 Juan 4:7).

Si deseas conocer la voluntad de Dios, lee La Biblia porque esta contiene la Palabra que sale de la boca de Dios para tu vida.

Léela y medita en ella para que Dios dirija tus pasos. Recibe a Jesucristo como tu Señor y Salvador, y permite que Él tome las riendas de tu vida. Así pasarás de ser su creación a convertirte en su hija amada. "*... pero a todos los que creyeron en él y lo recibieron, les dio el derecho de llegar a ser hijos de Dios*" (Juan 1:12).

Esa es la voluntad de Dios, pero la excusa que las mujeres dan para seguir con un hombre casado es: "que en el corazón nadie manda". ¡Esa razón que algunas alegan con tanta vehemencia es falsa! Se puede sentir una atracción, pero lo que vas a hacer con esa atracción es decisión tuya. Tu vida es tan importante que no puede depender de las decisiones que tome el corazón, un elemento tan cambiante que hoy te puede dictar un mensaje, y mañana te puede dictar otro porque así son de cambiantes los sentimientos. Tus decisiones tampoco pueden depender de lo que tú crees, porque nosotros no conocemos el futuro. A ninguna edad debes dar crédito a las historietas de "amor" que ves por televisión o lees, pensando que eres la protagonista que siempre vas a tener un desenlace feliz porque la esposa es tan mala que muere al final.

Por tanto ¿quién mejor que Dios nuestro creador que conoce el pasado, el presente y el futuro de nuestras vidas, para que nos dirija en la selección de lo que más nos conviene y no en lo que más nos gusta? Él nos dejó los diez mandamientos con el propósito de que la ley fuera fácil de recordar. Esa ley quedó resumida en los diez mandamientos que debemos obedecer. Los mandamientos nos muestran cuál es la relación que debemos mantener con Dios y con nuestro prójimo. Veamos lo que contesta Jesús cuando le preguntan cuál es el mandamiento más importante.

> *"Maestro, ¿cuál es el mandamiento más importante en la ley de Moisés? Jesús contestó: 'Ama al Señor tu Dios con todo tu corazón, con toda tu alma y con toda tu mente." Este*

es el primer mandamiento y el más importante. Hay un segundo mandamiento que es igualmente importante: 'Ama a tu prójimo como a ti mismo'. Toda la ley y las exigencias de los profetas se basan en estos dos mandamientos" (Mateo 22: 36-40).

Debemos amar a Dios de todo corazón y por encima de todo, y a nuestro prójimo como a nosotros mismos. Si Dios está en primer lugar en nuestras vidas, lo queremos agradar, anhelamos serle fiel y amar también a nuestros semejantes, pero antes de amarlos a ellos, nos tenemos que amar a nosotras mismas. Por cuanto amamos a Dios, no queremos deshonrarlo con nuestros actos, nos amamos a nosotras mismas y amamos a nuestro prójimo. Por eso no le vamos a hacer daño ni haremos nada que no nos gustaría que nos hicieran a nosotras.

La mujer de la historia que he citado se demostró a sí misma que Dios no estaba en primer lugar en su corazón. Estaba el amor por aquel hombre. Se demostró que no se amaba a ella misma, y por consiguiente no amaba a la esposa del hombre que se convirtió en su amante. Ahora ella no puede volver atrás a recuperar el tiempo perdido, le dio un pésimo ejemplo a su hija de cómo escoger un hombre, y está sufriendo las consecuencias de quebrantar nuestro código de ética que es la Biblia. Otro de los mandamientos de la Palabra de Dios es:

"No cometas adulterio y »No codicies la casa de tu prójimo. No codicies la esposa de tu prójimo, ni su siervo, ni su sierva, ni su buey, ni su burro, ni ninguna otra cosa que le pertenezca»" (Éxodo 20:14 y 17). Además, infringió la ley terrenal de nuestro gobierno que condena el adulterio, y ha sufrido las consecuencias de desobedecer la ley.

El propósito de evaluar el caso de esta mujer no es condenarla. Es para que aprendamos de su experiencia, y no tengamos que experimentar todo el dolor que ella ha vivido. Ha sido una persona a quien amo mucho, y la he ayudado sin límites para que pueda salir de su error.

Sería bueno que a la luz de este ejemplo tú pudieras evaluar tu relación con Dios y con los demás, y te pudieras preguntar: ¿Glorifica a Dios mi manera de vivir? Si tu contestación es no, ¿qué cambios quieres hacer en tu vida? Nunca olvides que la felicidad y la moral van agarraditas de la mano. Y las decisiones que tomas van trazando tu destino.

Aunque yo considero mi relación con Dios como lo más importante para dirigir mi vida, quiero hablarte claro en otro sentido. Aceptar una relación con un hombre casado es la mejor evidencia de que no te amas a ti misma porque ese tipo de relación es, en primera instancia, una humillación. Estás apostando tu vida a perder: dignidad, tiempo, emociones, respeto y la oportunidad de ser feliz con el hombre libre que mereces. Por inconsciente e insensible que él sea, las necesidades de su familia estarán antes que las tuyas. Y no debes pasar por alto que legal y financieramente las amantes no tienen nada qué reclamar, aunque uno que otro amigo que se piense conocedor de las leyes, te diga lo contrario.

¿Te prometió dejar a su esposa y casarse contigo? Un mínimo porcentaje cumple esa promesa, y te puedes ver como la persona de mi historia, dejando tu juventud, tus buenas oportunidades de un hogar, con tu salud mental yendo hacia el desastre. Si llegas a ser parte de ese mínimo que se casa con su amante, cargarás con un hombre cuyos sentimientos de culpa no le permitirán hacer contigo una vida feliz, aparte de todos los compromisos económicos que heredarás innecesariamente.

En mi práctica de consejería, una que otra vez me ha visitado una mujer con la misma pregunta: "Doctora, estoy en una relación con un hombre casado. ¿Qué hago?". Siempre contesto rotundamente: "¡Dejarlo ahora mismo!". Eso no es de Dios ni está en los planes de Dios para ti. Aparte de todo lo que te he dicho, sé objetiva. Un hombre que pone en juego la estabilidad y la felicidad de toda una familia que dice amar, ¿te merece, es lo quieres para ti? Mujer soltera, tú no quieres ni necesitas eso ni las consecuencias. Las relaciones de infidelidad y de maltrato ocasionan mucho dolor emocional. Si la pareja insiste en quedarse en esa relación tóxica, morirá emocionalmente. De ahí que una y otra vez le repito a las mujeres: "Para que se mueran dos, que se muera (emocionalmente) uno y que no seas tú". Decídete a salir de toda relación que atente contra tu salud mental, y no te dejes arrastrar hacia la destrucción moral y espiritual.

• • • •

"Para que se mueran dos, que se muera (emocionalmente) uno y que no seas tú".

• • • •

Cuando Dios te hizo única, valiosa e irrepetible, tuvo la intención de que fueras primera y única en la vida de un hombre que te merezca, y pueda alardear en público de que tú eres su esposa, su compañera de vida, la madre de sus hijos. Tienes que sostener ese valor que Dios te dio desde el vientre de tu madre, y esperar a ese hombre que el Señor tiene únicamente para ti sin compartirlo con nadie. Jamás le permitas a ningún hombre que te convierta en una sombra, dándote el lugar equívoco de una amante. No hay excusas para asumir este papel. Esto no solo es reprobable ante Dios, sino te expone a una situación emocional y moral para la que no fuiste creada ni te mereces. Respeta a Dios, respétate a ti misma, respeta a esa familia y no cometas el disparate de convertirte en amante, que aunque hoy día le llaman "novia", todavía por definición, el nombre correcto es "amante".

Te advierto que el hombre casado no es el único que debes evitar si quieres ser muy feliz. Hay otros que son igual de dañinos, y que te involucran en relaciones que atrapan: el celoso; el posesivo; el adicto al alcohol, a las drogas, al juego, a la tecnología; el maltratante; el iracundo; el mujeriego; el vago; el irresponsable; y todo aquél que tenga por costumbre tratar injustamente a su prójimo. Un hombre que no ama a Dios, no se ama a sí mismo, y menos te va a amar a ti. Más adelante veremos el perfil de algunos de ellos.

• • • •

JAMÁS LE PERMITAS A NINGÚN HOMBRE QUE TE CONVIERTA EN UNA SOMBRA

• • • •

Semilla de Amor

¡Mantén la calma... mereces lo excelente: ser primera y ¡que se entere el mundo! ¡Valórate!

Capítulo 5

¿SOLTERA POR VIUDEZ O POR DIVORCIO?

Tanto las viudas como las divorciadas pasan momentos muy críticos, durante y después de su proceso de pérdida. Ya sea porque ese hombre que le prometió amor hasta que la muerte los separara decidió divorciarse, o porque ella, quien le hizo la misma promesa, quiso terminar la relación. La viuda pierde a su esposo para siempre. La divorciada, al perderlo, a menudo abriga la esperanza de su regreso. Sin embargo, ambas mujeres se enfrentan a muchas interrogantes: ¿Cómo criaré a mis hijos sola? ¿Cómo enfrentaré la carga económica? ¿Qué explicaciones les daré a mis hijos cuando pregunten por su papá? ¿Cómo llenaré el espacio de la figura de papá para mis hijos? ¿Cómo puedo manejar el impacto emocional de esta pérdida en mis hijos? ¿Será mejor que me case otra vez?

Podríamos seguir mencionando innumerables interrogantes y preocupaciones que generan la pérdida de un cónyuge. ¿Pero para qué continuar con la lista, si la realidad es que ahora te toca a ti sola asumir toda la responsabilidad de tus hijos y de tu hogar, y no hay marcha atrás? Además de todas esas inquietudes, la mujer se enfrenta a una serie de prejuicios que todavía existen contra las viudas y divorciadas: los amigos las acosan y las esposas les huyen. Otros se acercan con la excusa de ofrecer "consuelo". Las parejas que eran amigos de ambos la enajenan, y no la invitan ni a sus casas ni a las celebraciones que antes compartían. Aunque sea una santa, a veces es percibida como la "necesitada", aunque no lo esté ni lo refleje. Los que no la ven como amenaza femenina, la ven como si fuera un espíritu de mala suerte para el matrimonio. En ocasiones algunas de ellas piensan equivocadamente que "un clavo saca otro clavo", y comienzan a llevar hombres a la casa mientras sus hijos ven que las caras cambian a menudo.

Dentro de ese mar de inquietudes y malas interpretaciones se zambullen diariamente mamá y los niños, y son innumerables los que se ahogan en el proceso. De esas aguas turbulentas de los hogares, surgen los hogares nuevos cuando esos niños se convierten en adultos implementando las viejas costumbres que llevaron a sus padres al fracaso.

Si estás divorciada o eres viuda y tienes hijos, detente en el camino. Evalúa tu condición actual. Hasta este punto al que has llegado, ¿te has valorado lo suficiente, o te has regalado a los hombres que te han dicho que te "aman"? ¿Qué quiero decir con regalarse? Es darse a un hombre sin que te hayas casado con él, haciéndole fácil la relación, tanto para comenzarla como para terminarla, como si él y tú fueran utensilios desechables que una vez se usan se botan, por no pasar el trabajo de limpiarlos.

Piensa ahora en elementos materiales que son costosos o representan una función importante como: la compra de una casa, de un negocio, un vehículo, la licencia de conducir, una licencia profesional... Observa que todo lo que hemos mencionado es muy valioso socialmente. Por tanto, ninguna de esas transacciones se realiza de boca, confiando solo en la palabra de la persona. En todas esas transacciones es necesario legalizar la compra firmando unos papeles que se convierten en un documento legal que pretende fijar un compromiso para que las partes tengan derecho a disfrutar de esos bienes. Así que ¡todo lo que es valioso se legaliza! Imagínate que hasta los perros de raza necesitan papeles para demostrar la pureza de su raza, y estar aptos para poder "casarlos".

• • • •

¡Todo lo que es valioso se legaliza!

• • • •

¿Por qué razón en este tiempo las personas dicen que para qué casarse, si eso es tan solo un papel que se firma? ¿Por qué tú tienes que regalarte cuando eres un ser que Dios creó con todo su amor, y a quien le adjudicó un valor incalculable? ¿Por qué cuando se habla de matrimonio la gente dice que no hace falta un papel, y cuando se compra una propiedad, el papel adquiere un valor insustituible? Tú vales más que una casa, que un vehículo y más que mil mundos como este. Enséñale al hombre que te pretenda que no te vas a regalar, que si tú le interesas es imprescindible que espere. Pídele que honre ese período de conocerse que es el noviazgo, sin relaciones sexuales, y cuando se casen, él y tú disfrutarán el uno del otro en una relación conforme al orden social y al orden divino. La Palabra de Dios dice:

> *"Pero fornicación y toda impureza o avaricia, ni aun se nombre entre vosotros, como conviene a santos"* (Efesios 5:3 RVR 1995).

Fornicación significa mantener relaciones sexuales fuera del matrimonio. Socialmente el matrimonio es lo ideal para mantener el orden y el compromiso, y proteger los derechos legales. Por eso nuestro sabio Dios estipuló que el sexo se disfrutara en la relación matrimonial.

Es un disparate que puedas pensar, o permitas que otros piensen que porque eres madre soltera y has sostenido relaciones sexuales, puedes convertirte en un objeto que todos los que se sienten atraídos pueden tocar y llevar a la intimidad. Tu intimidad debe ser sagrada, única, especial, para disfrutar solamente con el hombre que te pretenda, y que sea merecedor de una mujer tan maravillosa como tú. Un hombre que no se quiere casar, lo que quiere es sexo recreativo. Ninguna de nosotras se puede prestar para convertirse en una feria en la que vienen los hombres a recrearse, y luego se van al próximo pueblo en el que se montará otra feria y ellos se deleitarán participando de las nuevas atracciones.

Tú no eres una atracción más. Eres valiosa, no lo olvides nunca. Cotízate alto; no todos te merecen. El hecho de que hayas tenido relaciones sexuales porque estuviste casada no le resta valor a tu intimidad. Tampoco es razón para que piensen que ahora puedes regalarte sin mediar el compromiso matrimonial. Además, ahora tú tienes hijos que seguirán tus pasos. ¿Qué les estás enseñando?

• • • •

COTÍZATE ALTO; NO TODOS TE MERECEN.

• • • •

Un ejemplo a seguir

Sonya Carson, la madre del famoso neurocirujano y precandidato a Presidente de los Estados Unidos por el Partido Republicano, Ben Carson, es un ejemplo de lo que puede llegar a hacer la influencia de una buena madre. Esta mujer impactó las vidas de sus hijos a pesar de que: se casó a los 13 años, se crió en hogares sustitutos, fue ignorada, rechazada, y se convirtió en el hazmerreír de los demás por ser diferente.[1] Esta madre soltera, a la edad de trece años, sin tener casi ninguna educación, se casó con un hombre pastor de una pequeña iglesia con el fin de encontrar la paz y la seguridad que ella no había logrado. Horror craso, porque no todo el que asiste a una iglesia es un buen creyente, así como entrar a una carnicería no nos hace una posta de lomillo ni nos convierte en vaca. Lo que transforma las vidas son las convicciones arraigadas en el corazón de un ser humano arrepentido y humillado delante de Dios.

Sonya Carson, una madre soltera que venció las dificultades y enseñó a sus hijos a superarse, descubrió un día que su esposo andaba en negocios ilegales de bebidas, y tenía otra esposa con otros hijos. En ese tiempo ya sus hijos tenían siete y cinco años. Fue en ese momento cuando ayudada por un sicólogo tomó la difícil decisión de dejar aquella relación de maltrato. Sonya propuso en su corazón que iba a criar bien a sus dos hijos, a pesar de que no tenía educación ni experiencia laboral. Era consciente de que no sabía hacer nada, pero ella misma corrigió su pensamiento cuando admitió que sí podía aprender. Aún así sintió tanta presión al estar batallando para sostener a sus hijos, que llegó a tomar pastillas para suicidarse. Se sentía sin herramientas para hacerle frente a la vida.[2]

Fue en el hospital donde recibió la visita de una mujer creyente que le habló de Jesucristo y le enseñó a leer la Biblia. Sonya misma dice que su determinación de aprender a leer la Biblia y haberlo logrado, produjo en ella una voluntad firme de que podía aprender lo que ella quisiera. Esa misma voluntad la transmitió a sus hijos, y con la ayuda de Dios lo logró porque había decidido hacer lo mejor que ella pudiera hacer, y le dejaría a Dios lo que era imposible para ella. Aprendió a confiar en Dios y a tener una amistad íntima con su presencia, en lugar de estar pendiente de un hombre que la sacara adelante con sus dos hijos. Les dijo a sus hijos: "Vamos a salir adelante porque Dios nos va a ayudar".[3]

La historia de esta mujer insertada en el libro que escribió su hijo Ben Carson, *Piense en grande*, cautivó mi corazón desde que lo leí en el año 1993. Aumentó mi fe, y reafirmó en mí y en las consejerías que ofrezco que lo que hace la diferencia en la vida, no es un hombre que te rescate a ti y a tus hijos. Es la genuina presencia de Dios que te sostiene y te sostendrá siempre. La Biblia dice en Mateo 6:33:

> *"Busquen el reino de Dios por encima de todo lo demás y lleven una vida justa, y él les dará todo lo que necesiten".*

Sonya Carson siguió el consejo de Dios y con solo un tercer grado, sin casi saber leer ni escribir, con el testimonio pésimo que le dio su esposo, con el prejuicio racial existente por ser negros y habiendo sido maltratada en su niñez, alcanzó junto con sus dos hijos el verdadero triunfo: confiar en Dios y en su justicia, porque Dios se encargará de suplir lo que falta. Sonya le decía a sus hijos: "Aprendan a hacer todo lo mejor que puedan, y Dios hará el resto. Cualquier cosa que elijan realizar en la vida, lo pueden hacer. No les voy a decir qué tienen que ser, pero creo que podrían ser el presidente, un piloto o el mejor médico del mundo".

El fruto del esfuerzo de esta madre lo vemos en sus hijos. Ben Carson, graduado de la Universidad de Yale, alcanzó el puesto de director de Neurocirugía Pediátrica del hospital Johns Hopkins. Es autor de varios libros y actualmente aspira a la presidencia de los Estados Unidos. Su hermano, Curtis Carson, es un ingeniero aeronáutico. Formar estos hijos le costó a esta madre soltera esfuerzo, dedicación, sacrificio, y una entrega total a Dios y a sus hijos. Los supo disciplinar con amor y firmeza. Restringió el tiempo dedicado a la televisión, y los estimuló a capacitarse porque se dio cuenta de que en las casas de las familias adineradas en las que ella trabajaba, los hijos estudiaban y leían después de regresar de la escuela, mientras que los de ella jugaban afuera o miraban la televisión. A partir de ese momento en que ella cobró conciencia de esa costumbre que beneficiaba a los hijos de aquellas familias, les exigió a los de ella la lectura de dos libros por semana. Así que Sonya supo observar lo bueno que otros practicaban para aplicarlo en su hogar. Nunca se rindió, a pesar de todos los problemas que enfrentó.

Esta historia no significa que una madre soltera, ya sea por divorcio o viudez, no se deba casar. El mensaje que les quiero hacer llegar por mis experiencias con cientos de consejerías, es que no es imposible educar bien a los hijos cuando te quedas sola con ellos. Y que una vez tienes hijos, debes pensar exclusivamente en el bienestar de ellos, porque es tu responsabilidad edificar sus vidas de tal manera, que cuando pasen los años te puedas sentir feliz del deber cumplido.

• • • •

NO ES IMPOSIBLE EDUCAR BIEN A LOS HIJOS CUANDO TE QUEDAS SOLA.

• • • •

Recientemente asistí a un funeral, y allí conocí a una mujer que se divorció cuando su hijo y su hija eran pequeños. Ella me reconoció y se acercó para decirme con entusiasmo que sus hijos ya tienen treinta y cinco y treinta y ocho años, respectivamente, y ella vive orgullosa de ellos. Me confesó que no se ha arrepentido nunca de no haberse casado, y actualmente continúa disfrutando de ellos y de sus nietos. Es importante destacar que no se casó, pero tampoco ha tenido "sexo parcial" con nadie durante su soltería, porque ha respetado a Dios, se ha respetado a sí misma y ha respetado a sus hijos. No es aparentar ser soltera; es serlo de verdad.

La selección de un padrastro

También he tenido en consejería a hijos de madres solteras que no han sabido seleccionar al hombre con quien van a compartir también sus hijos. Lo que he escuchado de esos hijos son los maltratos de sus padrastros. Ellas no han interactuado lo suficiente con el hombre que han escogido y sus hijos, tanto los de ella como los de él. Ni les interesa la opinión de sus hijos sobre el hombre seleccionado porque equivocadamente piensan que los hijos crecerán, y se irán del hogar. No se percatan de que mientras los hijos están viviendo en el hogar, es responsabilidad de ellas velar por su bienestar.

En lugar de conocer bien al hombre y observar si sus acciones son congruentes con sus palabras, se entregan sexualmente al hombre, y viven entretenidas en esa pasión sin meditar en cómo se están afectando sus hijos. Una vez entra el sexo en escena, los aspectos importantes de la relación se dejan de atender porque ya lo que quieren es estar solos para darle rienda suelta a la pasión. ¿Qué ejemplo les estás dando a tus hijos? ¿Qué lecciones de vida les estás compartiendo? ¿Que el sexo es para practicarse fuera del matrimonio con cualquier persona que tú creas amar?

Una mujer llegó a mi oficina porque su hijo de once años estaba insoportable, que la vigilaba hasta por las ventanas de su cuarto. Su actitud era desafiante, y en la escuela había roto una puerta. Al indagar sobre el componente familiar, ella estaba conviviendo con el cuarto hombre que el niño había conocido en esos once años de vida. Le pregunté a ella cómo ella se sentiría si fuera una niña que en cuatro ocasiones distintas se hubiera levantado de su cama y hubiera encontrado a un hombre diferente que saliera del cuarto de su mamá.

El que seas madre soltera no implica que estás en "venta especial" esperando un comprador. Las tiendas colocan en su lista de especiales los artículos que menos se venden, o aquellos que compraron en exceso o los que tienen algún desperfecto. Nosotras no somos mercancía ni tenemos desperfectos ni valemos poco, por tanto, no nos vamos a regalar ni nos pondremos en "especial". El hombre que te pretenda debe recibir el mensaje sin palabras de que eres valiosa, te cotizas alto, te debe merecer, y tiene que saber esperar hasta el matrimonio para poder culminar el amor en una relación sexual.

Si te respetas a ti misma, los demás te respetarán, pero si no te respetas, cada quien hará contigo lo que le plazca.

• • • •

SI TE RESPETAS A TI MISMA, LOS DEMÁS TE RESPETARÁN.

• • • •

Otra mujer me dijo en consejería que ella tenía sexo con su enamorado, pero sus hijos no se daban cuenta porque ella lo sabía hacer; se iba a la casa de él. Es como si los niños no se dieran cuenta de lo que pasa a su alrededor y aunque en el momento no lo entiendan por su tierna edad, al crecer atan cabos y llegan a conclusiones. No podemos enseñar con pasión lo que no practicamos por convicción. ¿Cómo quieres hijos estables emocionalmente si como madre eres inestable? ¿Cómo quieres hijos que obedezcan las leyes terrenales si tú prefieres convivir sexualmente en lugar de casarte? ¿Cómo quieres que tus hijos te respeten, si tú no te respetas a ti misma? ¿Cómo quieres que tus hijos se valoren, si tú no te valoras y te entregas al hombre que conoces en nombre del amor? ¿Cómo quieres que tus hijos desarrollen convicciones, si tú careces de ellas? ¿Cómo quieres que tus hijos sean firmes y personas de carácter, si tú eres una veleta que apunta de acuerdo a la dirección que sopla el viento?

Testimonio de primera mano

Ahora quiero compartir contigo una historia muy personal para que puedas comprender que lo que te estoy enseñando es porque te amo, y anhelo que seas muy feliz. Lo que te estoy enseñando también lo hice con mi hijo y con mis dos hijas. Una de mis hijas enviudó a la edad de veinticinco años. Tenía una bebé preciosa de dieciocho meses. Fue un momento difícil y doloroso en nuestra familia porque él murió en un asalto a mano armada. Solo el amor de Dios nos sostuvo.

Al pasar varios años, mi hija se enamoró de un hombre divorciado que asistía a nuestra iglesia hacía varios años. Él fue siempre muy respetuoso, y se acercó a mi esposo y a mí para decirnos que estaba enamorado de mi hija. Le expliqué que mi hija tenía una niña y él tenía tres hijos, y que tanto ella como él tenían que estar dispuestos a amarlos como si fueran sus propios hijos. Así mismo hablé con mi hija y le expliqué la gran responsabilidad que iba a enfrentar y que si por alguna razón, él tenía que llevarse a sus hijos a vivir con él, ella debía asumir responsabilidad. Le expliqué a mi hija la madurez y el amor que hay que tener para trabajar con las ex esposas. Sumado a todo eso, le dije a mi hija que los ojos de su pequeña la seguirían, y ella sería su maestra en cómo llevar una relación de un verdadero noviazgo.

Mi hija escuchó a su papá y a su mamá, que a la vez son sus pastores y consejeros. ¡Esa actitud de nuestros hijos ha sido nuestra mayor bendición! Hoy día aquella bebé de dieciocho meses tiene once años, y no habla de su "padrastro"; habla de su "papi". Los tres hijos de él aman a mi hija con todo su corazón, y nosotros somos para ellos sus otros abuelos. Eso me hace feliz porque yo soy consciente de cuánto sufren los hijos del divorcio. El camino no ha sido fácil, pero ellos no han estado solos: Dios ha sido número uno en sus vidas. Por eso han vencido y han edificado un hogar sólido en el que se respira el verdadero amor.

Madre soltera, si amas a Dios y decides obedecer su Palabra, tú no estás sola. Dios siempre te sostendrá. No te cases nuevamente porque piensas que sola no puedes dirigir a tus hijos. Dios es el todo en nuestra vida. Pero si decides que en algún momento te gustaría casarte, el "pub" ni el casino ni las amigas y amigos de fiesta, son ni el mejor lugar para encontrar la mejor pareja, ni tu mejor compañía. No estés en la actitud de desesperación buscando un hombre. Dedícate a tus hijos, ámales sobre todas las cosas y las personas que lleguen a tu vida. Enséñales con tu ejemplo lo que significa el amor y la obediencia a Dios, sé responsable en tu trabajo, enséñales a valorarse por la manera en que los tratas. Si conoces a alguien que cualifique para ser un posible esposo, estúdialo bien. No te entregues sexualmente hasta que lleguen a casarse. Quien se conforma con poco, poco recibe, y quienes nos sentimos valiosas apuntamos hacia la excelencia y recibimos mucho.

• • • •

QUIEN SE CONFORMA CON POCO, POCO RECIBE.

• • • •

Como madres solteras es imprescindible tener presente que una vez ustedes decidieron tener hijos, ellos deben ser su prioridad. Decídete a proveerles un ambiente de amor, de disciplina y seguridad para que puedan crecer sanos en todas las áreas de su vida.

Nunca debes olvidar que si decides casarte, el hombre que escojas, ya sea para bien o para mal, te afectará a ti, pero también afectará a tus hijos. Una relación que te afecte física o emocionalmente es enfermiza. En el próximo capítulo hablaremos en detalle de cómo identificar una relación de abuso.

Semillas de Amor

Mantén la calma. Si decides casarte, escoge bien. ¡No te regales!

CAPÍTULO 6

CÓMO IDENTIFICAR UNA RELACIÓN DESTRUCTIVA

Es sorprendente cómo el ser humano hace un hábito de las experiencias que vive una y otra vez, aunque sean dolorosas y le hagan daño. Existen personas que se acostumbran a vivir felices, pero otras se tornan adictas al dolor, de tal manera que cuando no sufren crean la razón perfecta para sufrir. Es como la persona que se quejaba porque tenía sed y decía: "¡Ay, qué sed tengo, ay, qué sed tengo!". Le trajeron agua y sació su sed, pero ahora continuaba quejándose: "¡Ay, qué sed tenía, ay, qué sed tenía!". Quien ha vivido en un hogar en el que se sufre maltrato, llega a pensar que esa conducta es normal en todos los hogares. Lamentablemente innumerables veces se acostumbra a vivir en ese estrés que fomenta una relación destructiva porque se hace adicta o adicto a ese estado emocional. Pero no se da cuenta e incluso si sale de una relación así, busca otra similar.

Joe Dispenza, un neurofisiólogo y especialista en el funcionamiento del cerebro, explica por qué el ser humano prefiere quedarse en lo que conoce aunque sea doloroso, que cambiar: "Elegimos permanecer en las mismas circunstancias porque nos convertimos en adictos al estado emocional que producen y a los químicos que provocan ese estado de ser".[1] Quiere decir que en nuestro cuerpo ocurren continuamente una serie de reacciones químicas, ya sea por pensamientos conscientes o inconscientes, que a su vez generan neuroquímicos. La repetición de esos determinados estados hace que se segreguen esos químicos a los que el ser humano se hace adicto. Sí, adicto a sentirse de tal o cual manera.

En mi caso, mi ser se ha habituado a una atmósfera de paz en la que dialogamos cualquier situación que surja. Para mí sería horrible aprender a vivir en otro estado porque es habituar al cuerpo a otra manera de vivir. Aquello en lo que fijas tus pensamientos y tu atención definirá cómo te sientes. Quien ha vivido o experimentado maltrato por mucho tiempo se queda atascada como si fuera un disco rayado tocando la misma canción, sin percatarse de que puede levantar la aguja del disco, y dejar de escuchar esa música distorsionada. Hoy te darás cuenta de que tus pensamientos equivocados limitan tu visión, y te hacen ver que es imposible salir de esa adicción al dolor.

• • • •

Sí es posible salir de una relación destructiva.

• • • •

No obstante, aprenderás que sí es posible salir de una relación destructiva. Sí es posible salir de la cárcel del maltrato. Pero para salir de una relación destructiva debes saber identificarla para que dejes de pensar que lo que estás viviendo es natural, y le pasa a todo el mundo. Solo así determinarás que saldrás de ese pozo de la desesperación en el que llevas años sumergida, porque no te has dado cuenta de que el pozo tiene una salida hacia arriba, y de ahí puedes salir con la ayuda de Dios. Por eso el salmista en su dolor profundo clama a Dios y afirma con alegría que Dios es quien lo rescata del hoyo, y lo eleva a las alturas cuando perdona sus pecados y lo sacia con sus bendiciones.

> *"Bendice, oh alma mía, a Jehovah, y no olvides ninguno de sus beneficios. El es quien perdona todas tus iniquidades, el que sana todas tus dolencias, el que rescata del hoyo tu vida, el que te corona de favores y de misericordia; el que sacia con bien tus anhelos, de modo que te rejuvenezcas como el águila"* (Salmos 103: 2-5 RVA).

El Dr. Ernesto Lammoglia, psicoterapeuta especializado en adicción a relaciones destructivas y trastornos por violencia doméstica, enseña en su libro *El amor no tiene por qué doler,* cómo reconocer si una persona está en una relación destructiva. Él afirma: "Cualquier relación que cause dolor a una de las partes es destructiva, sin importar cuánto cariño parezca haber".[2] El Dr. Lammoglia explica que una relación que amenace la integridad física o la estabilidad emocional es anormal y enferma. Y si algo es anormal y te enferma, ¿será conveniente que te quedes en la relación absorbiendo un veneno que te destruirá lentamente?

De ninguna manera debes quedarte en una relación de maltrato porque tú sí puedes salir de esa relación destructiva. Pero para salir es necesario que comprendas que tú también estás enferma emocionalmente cuando te has quedado hasta ahora en una relación destructiva que no solamente atenta contra tu integridad física, sino que socava hasta lo más profundo tu dignidad hasta sentirte sin ningún valor. El doctor Lammoglia afirma: "No existe una relación destructiva en la que uno de los dos esté completamente sano".[3]

Socialmente se piensa que la mujer es la víctima y el hombre es el victimario, pero también existen mujeres que maltratan. Sin embargo, tanto la persona que maltrata como quien es maltratado están enfermos emocionalmente. Lo normal es que ante una señal de violencia, la persona escape, pero quien está enferma permanece adherida a lo que le hace daño porque se siente incapaz de emprender sola su vida. Para que haya un maltratante tiene que haber alguien que se deje maltratar. ¡Cuántas mujeres me han dicho: "Él no me pegó, solo me empujó"!. Deseo dejarte bien claro que cualquier forma intencional de provocar dolor es considerado abuso físico: golpes, quemaduras, sexo a la fuerza, abuso sexual, correazos, en fin, cualquier tipo de agresión.

• • • •

LO NORMAL ES QUE ANTE UNA SEÑAL DE VIOLENCIA, LA PERSONA ESCAPE.

• • • •

Otro tipo de abuso es el emocional. Este no deja marcas físicas, pero marca todo el ser interior provocando mucho dolor emocional. Este tipo de maltrato está dirigido a humillar a la persona, devaluándola con burla, ridiculizándola en público, amenazándola, siendo indiferente, criticando constantemente, manipulándola, insultándola, controlándola. En muchas ocasiones antecede al maltrato físico, con el objetivo de destruir la estima propia de la víctima, para que se convenza de que se merece o provoca el maltrato físico. Ese suele ser el ciclo del maltrato conyugal.

¿Cómo puedes identificar a un posible maltratante?

La persona que abusa, por lo general, tiene un comportamiento aparentemente normal, especialmente cuando está enamorando a la mujer. Pero una vez hace la conquista, comienza a mostrar con sutileza ciertas señales que la mujer no percibe por tener la característica de que todo lo barniza con romanticismo. Si lo percibe, piensa que su amor lo va a cambiar, o justifica la actitud de él.

El agresor es un hombre sumamente inseguro y temeroso que solo se siente seguro y poderoso cuando domina a otras personas. Por tanto, buscará mujeres débiles de carácter, que no se valoran, que se sienten indefensas, que piensan que el maltrato es normal en la vida de casados. De esa manera él se siente que tiene la capacidad de controlar. La víctima vive aterrada por el temor que lentamente él le ha ido infundiendo, sin percatarse del miedo que tiene su agresor al abandono. Por eso es que después de las agresiones le pide perdón, llora, le trae flores, y le dice que no va a volver a suceder. Promesa que no va a cumplir. La víctima cree que no se va a repetir el episodio violento, y se sigue quedando en el atropello, pensando que él va a cambiar. No es consciente de que la violencia no va a mermar, al contrario, va a aumentar.

El agresor está lleno de contradicciones. Por un lado tiene miedo al abandono y, por otro, ve a quien le permite el maltrato como una inútil, y desprecia su debilidad. Equivocadamente hay mujeres que piensan que tener carácter es decir palabras soeces, gritar y romper. Así caen en lo mismo que está haciendo el agresor. Desarrollar carácter es darnos cuenta de que estamos convencidas de que somos valiosas, que debemos ser tratadas con respeto, y que sabemos tratar a los demás con respeto. Por tanto, no gritaremos, no diremos palabras soeces, y hablaremos con firmeza estando seguras de quienes somos. Tampoco toleraremos ningún tipo de agresión.

El agresor mantendrá a su familia en tensión permanente, y dejará huellas de dolor para toda la vida en cada uno de los componentes familiares. No importan los esfuerzos que hagan por mantenerlo tranquilo, siempre encontrará motivos para explotar en ira y hacer daño. Con él no podrás dialogar ningún problema porque vive culpando a otros por su modo de vida, y termina las conversaciones maldiciendo.

A pesar de que todas estas señales que dan los agresores se mencionan constantemente en los medios de comunicación, increíblemente el maltrato sigue incrementando debido a que en cada hogar en el que se practican relaciones destructivas, hay niños. Y los niños aprenden lo que viven. Así que aprenden a maltratar, y a su vez lo harán en el hogar que ellos formen al llegar a la adultez. ¿Por qué si esos niños saben que sufrieron tanto lo repiten en su adultez con sus hijos? Porque es más fácil repetir lo aprendido que decidir ser diferente.

• • • •

Es más fácil repetir lo aprendido que decidir ser diferente.

• • • •

El doctor Joe Dispenza explica que al ser humano se le hace tan difícil cambiar porque existe un tipo de memoria que él denomina "memoria implícita". Esta memoria está relacionada con los hábitos, habilidades, reacciones emocionales, reflejos, condicionamientos, mecanismos de respuesta a los estímulos, recuerdos aprendidos por asociación y conductas instaladas que podemos practicar con facilidad, sin demasiada atención consciente. La mente aprende y le enseña al cuerpo a ejecutar cada acción por medio de repeticiones, hasta que el cuerpo fija esa acción y la puede repetir automáticamente, sin que tenga que participar la mente consciente. Así, el cuerpo lleva "las riendas de la mente".[4] Ninguna de nosotras se para frente al lavamanos y dice: "Ahora tomo el cepillo de dientes en la mano y me voy a cepillar de arriba hacia abajo los dientes". Sin embargo, la primera vez que nos enseñaron a hacerlo, nos iban repitiendo paso a paso cómo hacerlo. A fuerza de repetir esa acción ya nos levantamos automáticamente, vamos al baño, y nos cepillamos los dientes sin tener que pensarlo, porque ya nuestro cuerpo memorizó la acción con las repeticiones.

El niño que vive violencia va memorizando esa conducta y, por lo general, se convierte en otro agresor en su adultez, porque ya su cuerpo repite automáticamente lo que aprendió viendo tantas escenas violentas en su hogar. Para lograr hacer cambios, es necesario admitir que tienes un problema y comenzar a actuar conscientemente de manera diferente, hasta que hagas de tu nueva manera de pensar un hábito, y puedas vivir dignamente. El cerebro es poderoso y te va a responder de acuerdo a la información que le suministres. Si lo alimentas con pensamientos tristes y negativos, tu cuerpo, a fuerza de tanto practicar lo que tu mente le ordena, memoriza la acción de pensar en eventos dolorosos y proyectarás una imagen de víctima.

Cada una de nosotras tiene un letrero invisible en la frente que le dice a los demás: "Trátame de esta manera". Si los demás te ven como una mujer débil y sin convicciones, te pasarán por encima. Fíjate en cuáles son los árboles de los que se saca más fácil la leña, y te darás cuenta que son los que están secos y tirados en el piso. Por eso dice el refrán: "Del árbol caído todos hacen leña". Sí, al árbol caído cada quien le corta su pedacito. Mírate en el espejo y fíjate en la imagen que proyectas. ¿Es de víctima, de deprimida e insegura, o es de firmeza y alegría? A veces la mujer piensa que darse a respetar es gritar o insultar, pero eso no es así; quien grita demuestra que es débil de carácter, está muy frustrada y no puede con la situación. Es necesario aprender a decir la palabra correcta en el momento correcto y de la forma correcta. Los agresores por lo general buscan mujeres débiles, que no se valoran, para poder ellos ejercer el poder sobre ellas y sentirse seguros y poderosos. La finalidad del agresor es destruir la autoestima de la mujer para que ella sienta que sin él no podrá salir adelante. Mientras la humilla y la rebaja a ella, él se siente más poderoso, porque detrás de su violencia se esconde un hombre que no se valora, y se siente que no sirve.

Para tener relaciones interpersonales sanas debemos marcar límites que nadie pueda cruzar. ¿Para qué las personas construyen verjas en sus terrenos? Para decirles a los vecinos hasta dónde pueden llegar. De lo contrario las personas les construirían lo que quisieran en su terreno. En las relaciones interpersonales también debemos poner unos límites a todas aquellas personas con quienes interactuamos. Sin palabras, cada persona que nos conoce sabe lo que toleramos y lo que no vamos a permitir bajo ninguna circunstancia. Si no pones límites y permites que te griten; si permites que te agredan física y emocionalmente; si permites palabras soeces o tú las hablas, no te das a respetar. El respeto se gana con nuestras ejecutorias.

• • • •

El respeto se gana con nuestras ejecutorias.

• • • •

Como ya dije antes, se habla mucho del hombre maltratante, pero no puedo dejar de señalar la cantidad de niñas y niños abusados por sus madres física y emocionalmente. Esto se suma a hablarles mal a sus hijos de su papá, sembrando así en el corazón de ellos un resentimiento que se convertirá en odio hacia la figura paterna. Esa amargura creada en los niños les afectará también a las madres que han adoptado ese mal proceder, porque ellos se criarán con ira reprimida, y rebotará contra ellas la furia de sus hijos. Siempre les digo a las madres solteras y casadas que aunque los padres no se lo merezcan, no le estrujen los defectos de ellos en la cara de los hijos. Es mejor decirles: "Ese es tu papá, no está actuando bien (cuando la conducta es evidente), pero es que no ha madurado en el amor. Ámalo, perdónalo, respétalo y ora para que Dios entre en su corazón". Cuando en lugar de maltratar enseñamos a amar y a perdonar, criaremos hijos con corazones nobles, estables y seguros de sí mismos.

Otros hombres que debes evitar

Para evitar caer en estas relaciones destructivas, corre el velo del romanticismo, y observa, antes de casarte, la realidad que tienes de frente. Veamos el perfil de algunos de esos hombres que debes evitar aunque te pinten el cielo de colores:

1. El hombre celoso- Quiere demostrar que te ama tanto y tanto y tanto que te encerraría en una caja de cristal para que ni "el viento te acaricie". En el fondo lo que está escondiendo es su inseguridad y su miedo al abandono. Dentro de su corazón hay un sinnúmero de conflictos que cada día lo incitarán a ser más posesivo. Te vigilará tus miradas, tus sonrisas, tus pisadas y tu respirar, aparentando ¡que te ama tanto! Es un hombre voluble y débil de carácter que interpretará con malicia todo gesto tuyo. Te hará sentir en tensión y en una cárcel porque vivirás temiendo de lo que él pueda creer o decir.

Un hombre seguro se da a respetar por sus ejecutorias, y no vive temeroso de perder a su novia o a su esposa. La Biblia dice que cuando el verdadero amor de Dios está en el corazón, echa fuera todo temor. Un hombre celoso no ha madurado en el amor.

> *"En esa clase de amor no hay temor, porque el amor perfecto expulsa todo temor. Si tenemos miedo es por temor al castigo, y esto muestra que no hemos experimentado plenamente*

el perfecto amor de Dios. Nos amamos unos a otros, porque él nos amó primero." (1 Juan 4:18-19).

El apóstol Juan está hablando en ese capítulo de que la persona que tiene el amor de Dios en su corazón, ama a su prójimo y vive tranquila porque tiene su conciencia limpia, así que no teme a ningún castigo. El hombre celoso no tiene arraigado el verdadero amor de Dios en su vida ni ha resuelto sus conflictos, y por eso vive temiendo ser abandonado.

2. El hombre posesivo- Piensa que tú eres su propiedad única y exclusivamente de él. No te quiere compartir ni con tu familia. Desarrolla una relación asfixiante porque siempre te quiere tener disponible, y trata de cortar todo vínculo que te acerque a tu familia.

3. El hombre adicto al alcohol, a las drogas, al juego- El adicto ama más a su vicio que a su pareja. Se convierte en un esclavo de su adicción, y toda la familia sufre los estragos de su vicio.

4. El mujeriego- Este basa su identidad en las conquistas que hace. Se siente valioso por las mujeres que atrae, y vive mintiendo para lograr mantener en secreto sus conquistas. Es como los gatos, que pertenecen a una familia, pero corren todo el vecindario.

5. El hombre irresponsable que ha sido llamado el "Peter Pan"- Es aquél que creció físicamente, pero no maduró emocionalmente. Ese se convierte en tu hijo en lugar de tu esposo. Vive como un niño sin preocupaciones ni responsabilidades. La esposa tiene que vivir y pensar por él, y debe satisfacer las necesidades familiares porque a él nada le quita el sueño. Este hombre es el que un buen día aparece con un carro nuevo, aunque la familia no tenga cubiertas las necesidades básicas.

6. El hombre holgazán- Vive buscando quién inventó el trabajo para acabar con él. Se recuesta de las mujeres para que ellas lo mantengan a cambio de palabras dulces, romanticismo y sexo. Constantemente encuentra excusas para abandonar el trabajo que tiene, por uno que según él sea mejor.

7. El hombre controlador- Si pudiera, le colocaría un sistema de localización a la esposa que le revelara dónde está ella en todo momento. Tal vez se le ocurra activarle el GPS del celular. Él quiere controlar todo en la casa, y le toma el tiempo que ella necesita para llegar del trabajo a su casa. Si se tarda un poco ya está llamando para saber "si le ha pasado algo". Quiere demostrar que se preocupa por ella, pero lo que más anhela es controlarla como si ella fuera un robot. Quiere pensar, elegir y actuar por ella. Su presencia agobia a la mujer porque se siente como dentro de una prisión.

• • • •

EL AMOR SE DEMUESTRA CON ACCIONES, NO CONTROLÁNDOTE.

• • • •

Recuerdo el caso de una compañera de estudios en la universidad que cada vez que llegaba a estudiar, debía llamar a la persona con quien vivía para decirle que había llegado bien. Sentí curiosidad y un día le pregunté el porqué de aquella costumbre tan esclavizadora. Ella me contestó como la típica mujer romántica: "Es que él siempre se preocupa por mí". Un hombre demuestra que se ocupa de ti cuando está pendiente de las necesidades del hogar para suplirlas; cuando te ve preocupada y se sienta contigo para dialogar sobre el asunto; cuando puedes hablar con él sobre cualquier situación para encontrar solución sin que él pierda el control; cuando te dice "no te preocupes que encontraremos la solución con la ayuda de Dios"; cuando te abraza en una situación triste y sientes su consuelo. El amor se demuestra con acciones, no controlándote.

La Biblia define lo que significa el verdadero amor:

> *"El amor es paciente y bondadoso. El amor no es celoso ni fanfarrón ni orgulloso ni ofensivo. No exige que las cosas se hagan a su manera. No se irrita ni lleva un registro de las ofensas recibidas. No se alegra de la injusticia sino que se alegra cuando la verdad triunfa. El amor nunca se da por vencido, jamás pierde la fe, siempre tiene esperanzas y se mantiene firme en toda circunstancia"* (1 Corintios 13:4-7).

• • • •

NO PODEMOS EXIGIR LO QUE NO SOMOS CAPACES DE OFRECER.

• • • •

¡Así es el verdadero amor! Pero no puedes encontrar ese amor si tú misma no lo practicas, porque ¿cómo encontrar ese amor que tú misma no conoces? No podemos aspirar conocer a un hombre excelente si nosotras no somos excelentes. Es como el hombre que estaba indignado porque su esposa le fue infiel y cuando le pregunté si él había sido siempre fiel, me contestó que no. No podemos exigir lo que no somos capaces de ofrecer. Otro ejemplo que viene a mi memoria es el de la esposa que es gritona, habla palabras soeces, insulta, y quiere que su esposo se comporte como un sacerdote oficiando misa. Para exigir, tú tienes que comenzar a dar ejemplo. Todo lo que anheles ver practicando a tu prójimo, practícalo tú primero.

Semillas de Amor

Mantén la calma, eres creación de Dios, y mereces ser amada y respetada. No te conformes con menos.

CAPÍTULO 7

LLENA LOS VACÍOS DE TU ALMA

La insatisfacción es el mal de nuestra época. La mujer vive insatisfecha con su apariencia física, con el esposo que tiene, con el nivel económico, con su vida misma. Quienes están solteras se quieren casar, y quienes están casadas se quieren divorciar. Una vez están divorciadas quieren encontrar pareja porque necesitan, según ellas, un padre para sus hijos. De tal manera, su vida se convierte en un círculo vicioso en el que siempre se está buscando ese algo que no se encuentra en ningún hombre. Lo triste es que hay mujeres que llegan a morir sin haber encontrado lo que estaban buscando, sencillamente porque no supieron cómo definir ese algo.

Viene a mi memoria el cuento infantil que todas en algún momento de nuestra niñez escuchamos, el cuento de Pinocho. Este cuento narra la historia de un carpintero llamado Gepetto que decidió construir un muñeco de madera al que llamó Pinocho. Cuando vio lo bien que le había quedado, pensó en lo bello que sería que el muñeco cobrara vida y como en los cuentos infantiles siempre hay un hada madrina que les concede los deseos a las personas buenas, el hada supo el deseo de su corazón y se lo concedió, convirtiendo a Pinocho en el hijo del carpintero.

Gepetto quería cuidar a su hijo como habría hecho con cualquiera que no fuese de madera, y lo envió a la escuela en compañía de un grillo que le iba a cuidar. Pero como todo niño, Pinocho desobedeció al grillo muchas veces, porque prefería jugar. La desobediencia le llevó a caer en manos de un titiritero muy malo que lo mantuvo alejado de su padre Gepetto, encerrándolo en una jaula. Fue tanto lo que lloró que su hada madrina se le apareció, y lo liberó.

De vuelta a su casa fue engañado por dos ladrones que le robaron dos monedas que guardaba para comprarle un abrigo a su papá. Mientras tanto, Gepetto estaba muy triste sin su Pinocho, y había salido de su casa a buscarlo. Pinocho, aunque había salido a buscarlo, se entretuvo por el camino jugando con unos niños que se encontró. Mientras más horas pasaban lejos de su padre, Pinocho se iba convirtiendo en un burro. Cuando se dio cuenta de ello se echó a llorar. El hada se compadeció de él, y le devolvió su aspecto de niño, pero le advirtió que cada vez que mintiera le crecería la nariz. Gepetto, a su vez, había salido en busca de su hijo Pinocho en un pequeño bote de vela, y se lo había tragado una enorme ballena. Entonces Pinocho y el grillito, desesperados por la noticia, rescataron al pobre ancianito papá de Pinocho.

Una vez a salvo, Pinocho le contó todo lo sucedido a Gepetto, y le pidió perdón. A pesar de haber sufrido mucho los últimos días por la ausencia de su hijo, a Gepetto solo le importaba volver a tener a su hijo con él. Así que le propuso que olvidaran todo lo sucedido y volvieran a casa. Como recompensa por su comportamiento, el hada decidió convertir a Pinocho en un niño de carne y hueso. A partir de aquel día, Pinocho y Gepetto fueron muy felices como padre e hijo.[1]

¿Por qué vino a mi memoria este cuento cuando quiero hablarte de los espacios del alma que están vacíos? Porque Pinocho fue creado por Gepetto, quiso que tuviera vida, y le amó con todo su corazón. Sin embargo, en el transcurso de su niñez, Pinocho se entretuvo jugando con niños que encontró en el camino, y se olvidó de su padre. Cuando quiso volver a su padre quedó atrapado en las circunstancias de la vida, y se fue convirtiendo en burro, por lo que lloró amargamente. El hada madrina lo vio llorando, y le devolvió su aspecto original. De tal manera se reencontraron, el padre perdonó a Pinocho, y volvieron a su relación original.

Así mismo, el ser humano se ha entretenido en las diversiones de este mundo y se ha olvidado de su creador, Dios. Ha querido vivir lejos de su fabricante y por más que ha querido, no ha podido vivir feliz sin Él. Así como Pinocho se convirtió en burro, el hombre y la mujer que no están de la mano de su creador, actúan pisoteando la creación de Dios con sus actos. Por esa razón los que queremos vivir dignamente y alcanzar la felicidad, necesitamos reencontrarnos con Él.

La Biblia es el manual del fabricante que es Dios. Ahí se encuentran las instrucciones que debemos seguir para vivir en paz y armonía con Dios, con nosotras mismas y con quienes nos rodean. El Salmo 19 nos habla de cómo la creación misma, sin palabras, nos dice que Dios es su creador y nuestro creador. Luego el salmista continúa confesando que los mandamientos del Señor son rectos, y obedecerlos trae alegría al corazón porque alumbran sus ojos. Su Palabra nos hace sabios. Así que para vivir a plenitud y tener una vida en orden, necesitamos vivir de acuerdo a su Palabra, y no de acuerdo a nuestro parecer.

SALMO 19

Las obras y la palabra de Dios

"Los cielos cuentan la gloria de Dios,
Y el firmamento anuncia la obra de sus manos.
Un día emite palabra a otro día,
Y una noche a otra noche declara sabiduría.
No hay lenguaje, ni palabras,
Ni es oída su voz.
Por toda la tierra salió su voz,
Y hasta el extremo del mundo sus palabras.
En ellos puso tabernáculo para el sol;
Y éste, como esposo que sale de su tálamo,
Se alegra cual gigante para correr el camino.
De un extremo de los cielos es su salida,
Y su curso hasta el término de ellos;
Y nada hay que se esconda de su calor.
La ley de Jehová es perfecta, que convierte el alma;
El testimonio de Jehová es fiel, que hace sabio al sencillo.
Los mandamientos de Jehová son rectos, que alegran el corazón;
El precepto de Jehová es puro, que alumbra los ojos.
El temor de Jehová es limpio, que permanece para siempre;
Los juicios de Jehová son verdad, todos justos.
Deseables son más que el oro, y más que mucho oro afinado;
Y dulces más que miel, y que la que destila del panal.
Tu siervo es además amonestado con ellos;
En guardarlos hay grande galardón.
¿Quién podrá entender sus propios errores?
Líbrame de los que me son ocultos.
Preserva también a tu siervo de las soberbias;
Que no se enseñoreen de mí;
Entonces seré íntegro, y estaré limpio de gran rebelión.

Sean gratos los dichos de mi boca y la meditación de mi corazón delante de ti,
Oh Jehová, roca mía, y redentor mío". (RVR 1960)

Si leíste todo el salmo te habrás dado cuenta de que nuestro creador es Dios, por tanto no podemos vivir como lo quiso hacer Pinocho. Cuando él se alejó de su creador, sufrió demasiado porque perdió su sentido de dirección. Tú y yo necesitamos de nuestro creador para vivir conforme a su voluntad. Ese vacío que tienes y no has podido llenar con nada ni con nadie, es un espacio que solo Dios puede llenar. Ese algo que tantas mujeres han añorado sin saber lo que buscan, se llama Dios.

Hoy yo quiero decirte que si anhelamos ser felices, el primer paso que debemos dar es encontrar la pieza que completa nuestro rompecabezas espiritual y emocional: DIOS. Esa es la pieza que completa nuestra existencia, sin la cual caminamos vagando por el mundo buscando equivocadamente el amor en un hombre. Yo supe de Él cuando tenía diecisiete años, cuando reconocí que alguien poderoso me había creado. Por tanto, Él me amaba y como criatura suya, no podía vivir alejada de su presencia. Fue un jueves de la Semana Santa del año 1969 cuando Dios tocó mi corazón, me arrepentí de mis pecados, y decidí servirle con toda mi alma. La Biblia dice: »*¡Mira! Yo estoy a la puerta y llamo. Si oyes mi voz y abres la puerta, yo entraré y cenaremos juntos como amigos*" (Apocalipsis 3:20).

Jesucristo alumbró mi existencia, mi vida cobró significado, y yo reconocí que era una mujer valiosa. Jesús me amaba, tenía un padre que me amaba también, así que me sentía llena. En esa plenitud de amor sabemos que somos valiosas y merecemos lo mejor. Cuando estamos satisfechas es cuando tenemos la capacidad de seleccionar el hombre con quien queremos compartir el amor que llevamos dentro de nuestro corazón. El hombre que yo soñaba me amaba, amaba mis padres y mis hermanos, era bueno y considerado conmigo, amaba a Dios, y debía amar y cuidar a su mamá. Así es el hombre de quien me enamoré y con quien llevo casada cuarenta y un años. Él me ha regalado mis tres hijos, y ha tenido un cuidado especial de mí y de toda mi familia.

Por eso mantén la calma, no te desesperes hasta que llegue el hombre que realmente te merezca. Si tienes en orden tu vida interior, atraerás un buen hombre con quien podrás compartir y evaluar para saber si llena tus expectativas. Cuando tenemos nuestras necesidades emocionales satisfechas, no enloquecemos por un hombre, sino que lo estudiamos para saber si cualifica para recibir el gran regalo de amor que tenemos guardado.

• • • •

SI TIENES EN ORDEN TU VIDA INTERIOR, ATRAERÁS UN BUEN HOMBRE.

• • • •

¿Qué pasa cuando tu vida interior está desordenada y vacía? Te entregas en cuerpo y alma a cualquiera que te diga solamente que te ama, sin importar sus credenciales.

Tú ya estás apercibida, y desde hoy en adelante te abrazas a Dios, confiando en su amor y en su misericordia: "*Pues Dios amó tanto al mundo que dio a su único Hijo, para que todo el que crea en él no se pierda, sino que tenga vida eterna*" (Juan 3:16).

Semilla de Amor

Mantén la calma… confía en el amor de Dios.

Capítulo 8

23 DISPARATES QUE JAMÁS DEBES COMETER

Según ya debes saber, yo me especializo en indicar los disparates que cometemos las mujeres, y cómo evitarlos o resolverlos. Empecemos ahora con los disparates que mi experiencia me cuenta que cometen las mujeres solteras. Veamos si te reconoces en alguno. ¡Sin miedo!

Muchas mujeres solteras no cometen un solo disparate. Cometen una variedad tan grande de disparates como colores y matices hay, que sabotean sus mejores deseos de encontrar al hombre correcto, y realizar sus más hermosos sueños. Hasta aquí te he acompañado, te he comprendido, te he guiado para que te enfrentes con éxito a los enemigos de tu mente y de tu entorno. También te he abierto los ojos para que no te tomen el pelo, y te he explicado cuál es tu mejor defensa y tu mayor fortaleza: nuestro Padre.

Pero yo sé que las presiones son grandes y la desesperación es pésima consejera, y en momentos demasiado emocionales (por eso te dije que no puedes decidir a base de emociones) pierdes la tabla. Sin darte cuenta o dándote perfecta cuenta y creyendo que corres un riesgo calculado (no hay tal cosa), empiezas a cometer disparates.

Ah...pero yo estoy decidida a que seas consciente de los disparates, y no cedas a la tentación de cometerlos. Hasta te voy a decir sus consecuencias y cómo manejarlos. De aquí en adelante, no sueltes este libro porque desenmascarar los disparates te va a traer los resultados que buscas. Son muchos años escuchando disparates en mi consejería y ni creas que no los he visto muy de cerca, aunque mi historia personal de amor sea maravillosa (porque yo así lo determiné, recuerda). Tú léeme. Empiezo en este capítulo con tres disparates, y ya que son tantos, tendrás que leer los próximos capítulos.

Disparate #1: Descuidar tu vida espiritual.

Vivimos en un tiempo en el que se le da una importancia desmedida a la apariencia, y casi ninguna o ninguna a la vida espiritual. Las mujeres tienen una presión adicional: mantenerse bellas y esbeltas cueste lo que cueste, para ser admiradas, aunque interiormente estén derrumbadas. La mujer que decide atender a sus hijos en su hogar en lo que llega el tiempo de asistir a una escuela es vista como alguien que se quedó en la antigüedad. Se saca tiempo para el trabajo, el gimnasio, los juegos de pelota, clases de tenis, salir con las amigas, hacerse las uñas, cambiarse el "look", textear sin descanso ignorando a los hijos si los tienen, postear en *Facebook* hasta los suspiros, averiguar la vida de todo el mundo, y todo lo que cada una de mis lectoras le pueda añadir.

Pero no se dispone de tiempo para reflexionar ni para asistir a la iglesia, ni para leer sobre temas de familia y superación, y muchísimo menos, leer la Biblia y conectarse con el Dios que nos creó. Algunas solamente se acuerdan de que son mortales cuando llega la enfermedad, la pérdida de un ser querido o su desastre económico.

Recientemente un cantante famoso experimentó un momento de crisis inesperado con la justicia, cuando estuvo encarcelado varias semanas. Él mismo confesó que el dolor que sintió en esos días que estuvo encarcelado le llevó a crear conciencia de ser agradecido con su mamá. Él explica que siempre creyó que su mamá le "tenía" que servir porque él era su hijo. Ahora le dice "gracias" cuando le sirve, y valora cada acción de amor. ¿Cómo se ha ido sensibilizando? Con la dosis de dolor que le ha tocado vivir. Su aspecto físico se ve diferente porque ha aprendido a ser humilde, y él mismo afirma que ha tenido tiempo para meditar.

¿Por qué tantas personas viven en una "pachanga" continua sin darse cuenta que en cualquier momento, la música puede dejar de tocar para dar paso a la marcha fúnebre o al dolor? ¿Por qué Dios permanece en la ciudad del olvido hasta que el dolor les recuerda a las personas que Él y solo Él es el dueño de nuestra vida? ¿Por qué no se valora y se cuida de la vida física, espiritual y emocional como algo frágil que se puede romper en cualquier momento? ¿Por qué no entendemos que tenemos que contar con Dios para todo en nuestra vida? ¿Por qué no vivimos en gratitud hacia el Padre cuando anda todo bien en nuestra vida y nuestra familia? ¿Cuándo vamos, sobre todo las cristianas, a entender que desarrollar una relación con Dios debe ser una prioridad en nuestras vidas? ¿Cuándo comprenderemos que nada ni nadie merece que pisoteemos nuestros principios? Una relación con Dios no es cuestión de ir solamente a la iglesia, sino un anhelo continuo de parecernos a su hijo, Jesucristo.

Así como nuestro cuerpo necesita alimento para desarrollarse, nuestro interior necesita la Palabra de Dios para nutrirnos. Buscar su presencia es indispensable para aprender a discernir y adquirir sabiduría para tomar las mejores decisiones. Jesucristo mismo nos dice, en el Evangelio de Juan, que sin Él nada podemos hacer.

> *"Yo soy la vid verdadera, y mi Padre es el labrador... Permanezcan en mí, y yo permaneceré en ustedes. Pues una rama no puede producir fruto si la cortan de la vid, y* ***ustedes tampoco pueden ser fructíferos a menos que permanezcan en mí.*** *»Ciertamente, yo soy la vid; ustedes son las ramas. Los que permanecen en mí y yo en ellos producirán mucho fruto porque, separados de mí, no pueden hacer nada"* (Juan 15:1, 4, 5; negritas por énfasis de la autora).

Jesucristo se compara con la planta de la uva, y nos dice que somos las ramas de esa planta que es Él. Como ramas debemos permanecer adheridos a la vid, porque de lo contrario, nos convertimos en ramas secas que no tienen vida porque por estar separadas del tronco, no les llega el alimento. Para que una rama pueda permanecer viva y producir frutos necesita estar adherida al árbol al cual pertenece. El árbol es el que tiene las raíces por donde entra todo el alimento que la planta necesita para crecer y desarrollarse al máximo. Por eso Jesucristo hace hincapié en que sin Él nada podemos hacer. Nos convertimos en ramas secas que no reciben el alimento del árbol.

Si quieres ser feliz, debes vivir adherida a la presencia de Dios para que te alimentes de la vida que solo Él te puede dar. Mantente fiel a su amistad y a su amor para que puedas recibir el alimento que no solo saciará tu vida, sino te capacitará para dirigir y criar tus hijos en amor porque todo tu ser estará lleno de su presencia. Estar llena de su presencia no es estar vociferando que Dios está en tu vida. Es que tu vida, tus decisiones, y tus acciones demuestran que tú eres diferente porque tu vida tiene significado. Es que la sabiduría de tus decisiones hablen de tu intimidad con Dios y la dirección del Espíritu Santo. Cuando no vives confiada en tus propias fuerzas, sino en las de Él, reduces al mínimo e incluso eliminas tus posibilidades de disparatear. Tu interior se prepara para detenerte cuando es necesario, y para revelarte lo que necesitas. ¿Sabes cuántas mujeres creyentes están en fornicación, aunque la Biblia diga que es pecado? No podemos imitar lo que hace la mayoría; necesitamos imitar a Jesús.

Por eso no puedes darte el lujo de descuidar tu vida espiritual. Ese sería tu primer disparate.

Disparate #2: Anhelar un hombre genérico (es decir, cualquier hombre) porque no conoces lo que debe ser un buen hombre.

¿Qué pasaría si tú pensaras: "Quiero tener un automóvil", pero no tienes la menor idea de lo que define un buen automóvil? ¿Te imaginas qué tipo de auto escogerías? La contestación es sencilla: seleccionarías cualquier auto. Si de antemano tienes los criterios de lo que es un buen automóvil, sabrás exactamente lo que quieres. No te detendrás a mirar los que ya tú sabes que no reúnen los requisitos, porque lo que quieres es calidad y sabes dónde se encuentra.

Innumerables mujeres han crecido sin haber disfrutado del amor de un buen padre, así que carecen de un modelo de lo que debe ser un buen hombre. Por eso se enamoran de quien se sienten atraídas tan solo porque les sabe susurrar unas palabras dulces a sus oídos, aunque no sean ciertas. En estos días presentaron en las noticias un hombre que se ha hecho famoso en las redes sociales porque estaba corriendo sin camisa en pleno invierno, dejando ver su torso bien formado, cuando un reportero lo vio y lo grabó sin pensar que se convertiría en un acontecimiento. Pero esto no es lo que me llamó la atención.

Lo que sí me impactó fue que inmediatamente se dio a conocer ese video por las redes sociales, se tornó viral y le llegaron al hombre miles de propuestas "honestas y deshonestas" de mujeres. ¡Qué criterio tan pobre como el aspecto físico usan tantas mujeres para seleccionar a un hombre! ¿Cómo acercarse a un hombre por el mero hecho de que luce "bello" sin conocer absolutamente nada de su vida, de su carácter, su formación, sus convicciones? ¡Qué mucho nos dice de la inteligencia emocional de algunas mujeres! ¿Será esta la forma correcta de escoger a un hombre para un proyecto como el matrimonio que debería ser para toda la vida? Estas mujeres actuaron por impulso, como tantas que han venido a consejería deshechas de dolor.

El dominio propio

Daniel Goleman, conocido psicólogo internacional quien estuvo a cargo de la sección científica del *New York Times* y se ha destacado por su revolucionario concepto de la inteligencia emocional, explica que el impulso es el instrumento de la emoción. Añade que los impulsos nacen del estallido de los sentimientos y se convierten en una acción.[1] En su libro, *La inteligencia emocional: Por qué es más importante que el cociente intelectual,* afirma que quienes someten su voluntad al impulso, carecen de autodominio. Explica que quienes carecen de dominio propio "padecen de una deficiencia moral". Esta deficiencia consiste en carecer de la capacidad de controlar el impulso. Goleman explica que la capacidad de dominar los impulsos es la base de la voluntad y el carácter. Quienes no dominan sus impulsos tienen un carácter débil.

Hace muchos años que ya Dios había expresado la importancia del dominio propio. Por tal razón lo incluye en la enumeración que hace en Gálatas de los frutos del Espíritu. Quiere decir que desarrollar ese carácter definido por esa inteligencia emocional que nos dirige a tomar buenas decisiones como la de seleccionar un buen hombre, depende de tu relación con Dios y de la conexión que logres con Él. Porque Dios es el que nos dota de amor, gozo, paz, paciencia, benignidad, bondad, fe, mansedumbre, y dominio propio o autocontrol. Solo Dios nos cubre de su paz cuando se lo permitimos.

• • • •

QUIENES NO DOMINAN SUS IMPULSOS TIENEN UN CARÁCTER DÉBIL.

• • • •

> *"Pero el fruto del Espíritu es: amor, gozo, paz, paciencia, benignidad, bondad, fe, mansedumbre y dominio propio. Contra tales cosas no hay ley, porque los que son de Cristo Jesús han crucificado la carne con sus pasiones y deseos. Ahora que vivimos en el Espíritu, andemos en el Espíritu. No seamos vanidosos, irritándonos unos a otros y envidiándonos unos a otros"* (Gálatas 5:22-25 RVA).

En ese pasaje bíblico nos menciona la capacidad de tener dominio propio como un fruto del Espíritu de Dios. Eso significa que los que hemos reconocido que somos pecadores y nos hemos humillado delante de Él para que nos perdone, hemos sido perdonados. Su Espíritu Santo mora en nosotros llenándonos del amor de Dios, y capacitándonos para ejercer el dominio propio que necesitamos para no vivir de impulsos, sino de convicciones.

La inteligencia emocional es vital para hacer una buena selección de pareja. Las habilidades que definen la inteligencia emocional son el autodominio, el celo (cuidado, esmero, interés que alguien pone al hacer algo), la persistencia y la capacidad de motivarse uno mismo. Lo más importante es que si nunca aprendiste estas destrezas, las puedes aprender, porque el cerebro es moldeable.

• • • •

La inteligencia emocional es vital para hacer una buena selección de pareja.

• • • •

Quizás puedes estar pensando que eres impulsiva, que los demás te ven débil, sin firmeza, sin carácter. Tal vez has tomado decisiones equivocadas por tu impulsividad. Ahora ya eres una mujer adulta, y crees que posiblemente ya es muy tarde para formar el carácter necesario para vivir plenamente en armonía con Dios, contigo misma y con los demás. Quiero que grabes en tu corazón que sí se puede cambiar, y desarrollar un carácter firme. ¿Para qué necesitas un carácter firme al seleccionar esposo? Para no caer en las trampas de los hábiles tipos de hombres que te describí en capítulos anteriores; para mantener la calma y esperar con paciencia a escoger el hombre correcto para ti.

El vocablo carácter tiene que ver con marcas que imprimen una identidad única en quien las recibe. Podemos definir carácter como esa forma particular que cada uno de nosotros tiene de responder ante lo que nos acontece y cómo percibimos a los demás, sumado a los hábitos de comportamiento que hemos ido adquiriendo durante la vida.[3]

Es una combinación de valores, sentimientos y actitudes que se va formando de acuerdo a la información que vamos aprendiendo y archivando en nuestra mente desde que nacemos. En resumen, es la marca que ha dejado nuestro hogar de origen, las diferentes experiencias, y todas las personas significativas que han tocado nuestra vida con su existencia. Eso implica que no nacemos con esta marca que nos define. El carácter se forma, y esa es la razón por la que se puede modificar incorporando nuevas maneras de pensar hasta llegar a la excelencia. Según se aprende, también se puede desaprender. Anímate a desaprender lo que no te conviene.

• • • •

ANÍMATE A DESAPRENDER LO QUE NO TE CONVIENE.

• • • •

¿Has oído decir sobre alguien que ella es una mujer de carácter? Lo primero que piensas es que es una mujer que sabe lo que quiere, lucha por obtenerlo, y es firme y difícil de disuadir. Tú puedes ser esa mujer. Todos podemos modificar nuestro carácter si sembramos en nuestra mente nuevos pensamientos, sentimientos, y valores que transformen nuestra manera de interpretar la vida. Todas las experiencias que recibimos directa o indirectamente en nuestro hogar, la escuela, la iglesia, lo que leemos, lo que compartimos con quienes interactuamos, y la cultura se convierten en los archivos mentales que serán la base con la que cada una de nosotras evaluaremos e interpretaremos lo que vivimos a diario. En la medida en que hacemos un patrón de cómo responder ante lo que nos ocurre, formamos hábitos que definirán quiénes somos. Esos hábitos son los que nos definen como individuos. Esa es nuestra marca, la que permite que seamos únicas porque deja ver nuestra manera de pensar, nuestra forma de interpretar la vida, nuestros sentimientos y nuestras actitudes.

¿No tuviste un buen modelo de hombre en tu niñez? Cuando modificas tu carácter y te paras firme en lo valiosa que eres, va a ser muy fácil sentarte y escribir una lista de las características que describen tu propio modelo de hombre. Si la compartes, siempre encontrarás las amigas que te digan que estás soñando, que ese hombre no ha nacido, que eres una ilusa, que "ya no hay hombres buenos", "confórmate con el menos malo", y que sueñas un imposible. No las escuches. Dios tiene al hombre para ti.

Cultiva el dominio propio y afirma tu carácter. No cometas el disparate de no definir claramente las características del compañero que te mereces. Si fuera un automóvil y el dinero no fuera un factor decisivo, no escogerías una chatarra, o algo que te "resuelva", o "lo básico". Escogerías un Rolls Royce, un Lexus, o la marca que te guste, pero con todos los lujos y comodidades que pudiera tener, ¿cierto? Pues esta es una relación para toda la vida. No busques a un hombre genérico. Define lo que quieres en un hombre, y escoge lo mejor.

• • • •

DEFINE LO QUE QUIERES EN UN HOMBRE, Y ESCOGE LO MEJOR.

• • • •

Disparate #3: Dejarte sumir en una depresión, en lugar de vencer las circunstancias adversas.

Todas hemos sentido tristeza en determinados momentos de nuestra vida, ya sea por la pérdida de un ser querido, por una enfermedad, por la pérdida de un empleo o por cualquier circunstancia inesperada. Sin embargo, no todas los que hemos experimentado tristeza hemos caído en el hoyo triste de una depresión clínica. Muchas hemos tenido las fuerzas y la voluntad de levantarnos para enfrentar las circunstancias antes de que la tristeza se convierta en una condición peor.

¿Por qué te digo "dejarte sumir"; es que la depresión clínica puede evitarse? Puedes experimentar tristeza y levantarte de ella sin llegar a una depresión clínica, con la ayuda de Dios, y quizás de un profesional de la salud mental. La depresión clínica es un trastorno del estado anímico en el cual los sentimientos de tristeza, pérdida, ira o frustración interfieren con la vida diaria durante un período de tiempo prolongado.[4] En su expresión más severa, la depresión causa que la persona se postre en su cama, afectando otros sistemas del cuerpo. La depresión añade problemas a los que ya tienes. Fíjate en los sentimientos que acompañan la depresión: tristeza, pérdida, ira, frustración, pérdida de energía, inacción, incapacidad para tomar decisiones y otros. Todos ellos se pueden vencer cuando hemos desarrollado fe y confianza en alguien que es más grande, más sabio, que nos ama incondicionalmente y nunca nos abandona.

> *"Porque no nos ha dado Dios un espíritu de cobardía, sino de poder, de amor y de dominio propio"* (2 Timoteo 1:7 RVA).

Ese versículo bíblico es el que me ha dado la fuerza para enfrentar los momentos más difíciles de mi vida. Estoy convencida que desde que me rendí a Jesucristo y decidí que iba a obedecer su Palabra, he visto que me ha hecho valiente porque el Espíritu Santo de Dios mora en mí, me ha llenado de su poder, de su amor incondicional. Ya no soy esclava de mis emociones porque he desarrollado con su ayuda dominio propio; ese dominio que es imprescindible para tener inteligencia emocional.

Daniel Goleman dice: "... las emociones descontroladas pueden convertir en estúpida a la gente más inteligente".[5] Si no aprendemos a conectar el sentimiento que está situado en un área del cerebro con el razonamiento que tiene que ver con la toma de decisiones, las emociones nos destruyen. Por esa razón es indispensable la educación espiritual y emocional para que nuestros pensamientos sean sabios, y generen acciones balanceadas basadas en un análisis, y no una acción que se dispara porque nos sentimos de tal y cual forma. Las emociones son importantes porque de lo contrario seríamos robots caminando por el mundo, pero no pueden ser determinantes en la toma de decisiones.

Creo firmemente que hoy día hay tanta y tanta depresión dentro y fuera de la iglesia porque las personas hacen lo que sienten, y no lo que deben hacer. Como consecuencia, después que baja el impulso y la persona se enfrenta a las consecuencias horribles de sus decisiones, entonces afloran los sentimientos de culpa, de ira y de frustración que se repiten una y otra vez mentalmente, hasta agotar las hormonas naturales que Dios colocó en nuestro cerebro para que actuaran como sedantes. Es ahí donde el cerebro sufre un desbalance químico, y es necesario correr al psiquiatra para devolverle al cerebro su balance.

• • • •

LAS PERSONAS HACEN LO QUE SIENTEN,
Y NO LO QUE DEBEN HACER.

• • • •

Sin embargo, la experiencia me ha dicho que por más medicamentos que tomes, si no enderezas tu manera de pensar, si no sueltas lo triste que pasó y decides amistarte con Dios de corazón, vivirás esclavizada a una y otra depresión constante. Si las personas deprimidas se sanaran solo con medicamentos, no existirían personas deprimidas porque esta es la época en la que más medicamentos hay para la salud mental.

> *"Ustedes dicen: «Se me permite hacer cualquier cosa», pero no todo les conviene. Dicen: «Se me permite hacer cualquier cosa», pero no todo trae beneficio"* (1 Corintios 10:23).

El apóstol Pablo le dice a los corintios que ellos se pasan diciendo que pueden hacer cualquier cosa que quieran o como dirían en Puerto Rico aquellos que son desafiantes: "Yo hago con mi vida lo que me da la gana". Pero Pablo les enseña que a pesar de que pueden hacer lo que quieran con su vida, nunca deben olvidar que no todo es beneficioso para ellos. Puedes hacer lo que quieras, pero no debes actuar sin conciencia porque hay decisiones que te llevarán a la muerte. Puedes escoger lo que quieres hacer, pero las consecuencias no se pueden escoger. Así que detente, y no tomes decisiones con tus emociones porque quedarás prisionera de ti misma.

De acuerdo a mi experiencia en consejería, puedo afirmar que la mayoría de las malas decisiones de las mujeres proceden de las emociones. Recuerdo a una mujer que vino a darme la noticia de que ella y un hombre que yo conocía, se habían hecho novios. Ella se había divorciado de un hombre que la maltrató a ella y a sus hijos. Yo le expliqué que debía ser muy cuidadosa porque el susodicho era un hombre mujeriego, indiscreto e inseguro. Ella me contestó: "Sí, yo lo sé, porque yo lo conozco". Al mes la vi, y me dijo que ya todo había terminado. A las tres semanas volvieron y hoy ¡no sé por dónde van! Ella no hizo caso de la información tan negativa que tenía, se dejó llevar por la emoción: "Me gusta y lo amo". Es como decir: "Compro este automóvil, sé que no salen buenos, sé que otra persona lo entregó porque no era bueno, pero yo lo quiero porque ese auto me gusta".

Después de las malas decisiones, se asoman la culpa, la frustración, la ira. Cuando abres tus ojos, estás acostada en los brazos de la depresión. Entonces sufres tú, sufren tus hijos y toda la familia. La depresión nada resuelve.

No es necesario caer en depresión. En lugar de deprimirte, recurre a seleccionar pensamientos de bien y no de mal, y salta a la acción correcta. Endereza tu mente torcida por los malos aprendizajes, leyendo y aprendiendo a pensar correctamente. Desecha los pensamientos equivocados y sustitúyelos por pensamientos de bien. Amístate con Dios, ámalo, ámate a ti misma y ama a tu prójimo, pero no estés cerca de lo que sabes que te hace o te hará daño. Tampoco ames a alguien más que a ti misma. Eso no es una virtud; es una desgracia para tu vida.

• • • •

RECURRE A SELECCIONAR PENSAMIENTOS DE BIEN.

• • • •

Si aprendiste a pensar equivocadamente, sentirás equivocadamente y actuarás equivocadamente; porque como piensas, sientes, y como sientes, actúas. Por lo tanto, piensa bien, para que recrees buenos sentimientos y practiques acciones que beneficien tu vida y la de quienes te rodean.

Semillas de Amor

¡Mantén la calma! Los disparates que hayas cometido no te descalifican para la vida. Corrige las equivocaciones, no cargues con el muerto que se llama pasado, amístate con Dios, y sé feliz.

Capítulo 9

SIGUEN LOS DISPARATES... ¿TE VES EN ALGUNO?

Claro que un capítulo no es suficiente para contarte los disparates que te sientes tentada a cometer. Sigamos examinándolos, mirando el "precio" que pagas por ellos, y aprendiendo a no cometerlos.

Disparate #4: Centrar tu atención en un hombre que no ha llegado o que se fue, y olvidarte de tu superación personal.

¿Hasta cuándo estarás pensando en el hombre que se fue, ya sea porque murió, te fue infiel, te dijo que ya no te amaba, que necesitaba espacio, que se le rompió el amor como a Rocío Jurado, o porque no ha llegado todavía el que tú esperas? ¿Cuánto tiempo dedicas diariamente a pensar en eso, a repetir cientos de veces el mismo diálogo interior una y otra vez? ¿Cuántas veces pasas la película mental de la última vez que lo viste, analizando todavía cada palabra que te dijo? ¿Desde cuándo has estado con este mismo pensamiento? ¿Qué has logrado con pensar y pensar? ¿Cuánto has avanzado en tu desarrollo personal? ¿Cómo está tu vida emocional: tienes paz o te sientes en desasosiego todo el tiempo? ¿Puedes concentrarte en tus tareas diarias, o la mente te sigue hablando una y otra vez la misma canción de dolor y de víctima? ¿Aún lloras cuando escuchas la canción que te lo recuerda?

El excéntrico escritor irlandés, Oscar Wilde, quien estuvo inmerso entre tantas contradicciones, expresa lo que vivió en este pensamiento que nos dejó: "Qué raro que no me dijeran que el cerebro puede albergar, en una diminuta célula de marfil, el cielo de Dios o el infierno". Él tuvo toda la razón al expresarse de esa manera. La calidad de nuestros pensamientos nos permite vivir en el cielo o en el infierno. Si no aprendemos a pensar, y nos dejamos arrastrar por los pensamientos tristes, de rencor o de amargura, viviremos en el infierno. Si aprendemos a desechar los malos pensamientos y usamos las hermosas neuronas con las que Dios nos dotó, podremos vivir en el cielo aunque a veces las circunstancias no sean las ideales. Lo más importante no es lo que nos pasa, sino nuestra actitud frente a eso que nos ocurre. Dios, nuestro creador, quien conoce hasta lo más íntimo de nuestros pensamientos, sabía desde el principio que los pensamientos sin control destruyen al ser humano. Por tal razón nos dejó una advertencia en su Palabra.

• • • •

La calidad de nuestros pensamientos nos permite vivir en el cielo o en el infierno.

• • • •

"No se preocupen por nada; en cambio, oren por todo. Díganle a Dios lo que necesitan y denle gracias por todo lo que él ha hecho. Así experimentarán la paz de Dios, que supera todo lo que podemos entender. La paz de Dios cuidará su

> *corazón y su mente mientras vivan en Cristo Jesús. Y ahora, amados hermanos, una cosa más para terminar. Concéntrense en todo lo que es verdadero, todo lo honorable, todo lo justo, todo lo puro, todo lo bello y todo lo admirable. Piensen en cosas excelentes y dignas de alabanza. No dejen de poner en práctica todo lo que aprendieron y recibieron de mí, todo lo que oyeron de mis labios y vieron que hice. Entonces el Dios de paz estará con ustedes"* (Filipenses 4:6-9).

La Biblia nos exhorta a pensar en todo lo que es verdadero, honorable, justo, puro, bello, admirable, excelente y digno de alabanza. Es decir que no le hagamos nido ni dediquemos tiempo a pensar en cosas que no nos edifican ni nos ayudan a superarnos ni físicamente ni espiritualmente ni emocionalmente. Si las consecuencias de pensar negativamente son tan malas, ¿por qué tantas mujeres le dedican segundos, minutos, horas, días y años a pensar en eventos tristes que no le ayudan en nada para lograr su superación personal? Ellas mismas se critican y se mortifican rumiando pensamientos negativos que las devalúan y las destruyen. Es como si vivieran abrazadas todo el tiempo a un muerto, que según se va descomponiendo las va matando lentamente.

Se dice que el monólogo interno que cada una de nosotras sostiene es de aproximadamente entre ciento cincuenta y trescientas palabras por minuto. Quiere decir que por nuestra mente pasan entre cuarenta y cinco mil y cincuenta mil pensamientos por día. Lo curioso no es la gran cantidad de pensamientos, sino que la gran mayoría de ellos son negativos.

Piensa ahora cuántas cosas negativas te dices a ti misma diariamente. Ese disco rayado te dice todo el día: "Me dejó por tonta, porque la otra es más flaca y más bella que yo, porque es más joven, porque soy tan torpe, porque estropeo todas las citas, porque, porque, porque..." Con todo eso que te dices en tu interior, basta para destruir tu estima propia. No necesitas ofensas del exterior. El balance de toda la autocrítica diaria es destrucción, depresión, pocos deseos de vivir y una sensación terrible de impotencia. Si a esto le añadimos que nuestras acciones son dirigidas por lo que pensamos y sentimos, nos convertiríamos en un desastre.

• • • •

EL BALANCE DE TODA LA AUTOCRÍTICA DIARIA ES DESTRUCCIÓN.

• • • •

Esa es la razón del por qué hay tantas mujeres victimizadas, culpando a otros de cómo se sienten sin poder salir adelante, y sin ser capaces de superar las circunstancias negativas que giran alrededor de un hombre. El problema no está en los hombres, está en lo que le permitimos que hagan con nuestra vida. Después de que se van, les seguimos dando el poder de continuar controlando nuestros pensamientos y estropeándonos la vida.

Las acciones nuestras siguen ese algo en lo que nos enfocamos. Si tu enfoque está en que ese hombre te abandonó, te sentirás triste, desgraciada, y tus acciones serán las de una pobre mujer infeliz víctima de un "hombre malvado". Pero si te enfocas en que él fue quien se perdió a una mujer inteligente, sensible, íntegra y capaz, tus acciones se dirigirán a superarte cada día más, y a estar en control de las diferentes situaciones adversas. Cuando Jesús fue tentado en el desierto, Él le contestó siempre a Satanás, "porque escrito está". Así mismo cuando el pensamiento te quiera agobiar respóndele:

Escrito está: *"Pues todo lo puedo hacer por medio de Cristo, quien me da las fuerzas"* (Filipenses 4:13).

En lugar de darle tiempo y espacio a la destrucción, dale tiempo y espacio a las ideas y acciones de superación. ¡No le des permiso a NADIE para que te destruya! Llena tu mente del poder maravilloso que Dios nos da a quienes le obedecemos. No te enfoques en lo que no tienes. Mejor...

- Enfócate en lo que puedes lograr.
- Termina lo que empezaste y no continuaste por "él", o por estar pensando en él ahora.
- Trázate metas y diseña planes de acción para lograrlas. Piensa en algo que siempre quisiste ser o hacer, y muévete hacia adelante.
- Aprende a mirarte en el espejo para ver lo más precioso de ti, no para criticar tu cuerpo y tu inteligencia.
- Desecha los pensamientos que te estorban, sustituyéndolos por pensamientos positivos.
- Si tienes hijos, siembra en ellos ejemplo, amor, paz, ilusiones, tiempo, buenos momentos, los más altos valores y la dirección de Dios.

• • • •

¡NO LE DES PERMISO A NADIE PARA QUE TE DESTRUYA!

• • • •

Lo que pienses que eres, eso serás. Debes vivir siempre consciente que en nuestra debilidad humana, Dios nos hace fuertes. ¡Ánimo, amístate con Dios para que su presencia te haga siempre fuerte!

Disparate #5: Si estás soltera y no tienes hijos, creer que hay un "desperfecto" en ti que evita que los hombres se acerquen. Como consecuencia, persigues a los hombres como la policía a los delincuentes, y los espantas.

En mi experiencia como consejera de familia, he podido ver que generalmente la mujer se siente culpable si llega a cierta edad, y alguien no se ha enamorado de ella. Es ahí donde se prende el diálogo interno negativo que parece una letanía:

"Por mi culpa nadie se fija en mí, es que soy antisocial, es que no soy atractiva, es que estoy con unas libras de más, es que soy muy alta, es que soy bajita, es que soy dominante". Después que agota todas las críticas habidas y por haber dice "es que nací sin suerte." Es cierto que debemos analizar nuestro comportamiento cuando estamos cerca de los hombres, pero no es porque seamos de tal o cual forma, sino porque es saludable analizar nuestra interacción con los demás para que cada día seamos mejores personas.

He observado que cuando una mujer cree que tiene un problema en atraer hombres, comete el enorme disparate de perseguirlos sin pudor alguno. Cuando estás cerca de un hombre, nunca debes demostrar ansiedad, y menos proyectar una necesidad de conseguirlo como si te estuvieras ahogando en medio del mar. El hombre rechaza a la mujer que lo persigue, que le suplica y le mendiga el amor. Una mujer ansiosa demuestra que no está segura de sí misma, que no es feliz porque está sola. La mujer que sola no se siente feliz y se ve a sí misma incompleta, no será feliz por el mero hecho de que llegue un hombre a su vida. Una mujer segura y feliz deslumbra cuando llega a un lugar, aunque no sea una modelo. Sin embargo, a veces las mujeres prestan más atención y dedican más tiempo a perfeccionarse por fuera, pero su frágil vida interior se refleja en medio de su perfecta apariencia.

Conocí a una mujer de treinta y cinco años cuando visité una convención de libreros. Estaba acompañada de un hombre muy conocido a quien yo admiro mucho. Compartí con ellos unos minutos, y me di cuenta de que ella estaba desesperada por conquistar a aquel hombre, al extremo que casi yo muero de vergüenza ajena por la forma en que ella casi se lo "comía" con los ojos. Aprovechando un momento en que él se retiró a saludar a alguien que lo reconoció, ella me confió que estaba fascinada con aquel hombre. Esa fue la oportunidad que utilicé, y con todo mi amor le dije lo que había observado en su interacción con él. Inclusive le dije que lo percibí hasta asustado. Le expliqué que fuera amable, atenta, pero no asfixiante. Ella me lo agradeció.

• • • •

UNA MUJER SEGURA Y FELIZ DESLUMBRA CUANDO LLEGA A UN LUGAR.

• • • •

Quizás podrás pensar que estas recomendaciones están pasadas de moda porque en este siglo XXI la moda es buscar un hombre por Internet, ya sea por el *Facebook* o en las páginas en las que abiertamente las mujeres y hombres se presentan diciendo sus características para ver si encuentran uno que las seleccione. Es penoso que la mujer llegue hasta a describirse como si fuera una mercancía. Es como ponerse en especial para saber si alguien se apiada de ella.

Otra costumbre que han adoptado las solteras es reunirse en los "pubs", conseguir "amigos con privilegios", con el privilegio de tener sexo ocasional y recreativo. Esa será la moda del siglo XXI, pero no es la alternativa de valorarte, ser digna, darte a respetar, y ser una mujer que se destaque por ser diferente. Lo importante no es convivir ni tener sexo con un hombre cualquiera. Es que puedas enamorarte, si decides hacerlo, de un hombre valioso, con principios, responsable. No seas como la masa. Conviértete en alguien que sea diferente porque ha decidido administrar su vida con sabiduría.

Disparate #6: Añorar siempre tener un hombre en la casa

¿Quién dijo que para ser una mujer valiosa, necesitas tener un hombre en la casa? ¿Será que la mujer no tiene entereza de carácter, inteligencia ni capacidad para saber administrar un hogar, las finanzas, la disciplina (en el caso de las que tienen hijos)? Es curioso que las que están solteras desean un hombre en su hogar, y muchísimas que están casadas desean que el hombre no regrese nunca del trabajo.

Lo importante no es casarte; es que si te casas, hagas una buena elección, y vivas en armonía en una relación justa en la que compartan las penas y las alegrías, los triunfos y los fracasos. Lo importante no es casarte; es que si te casas seas feliz y puedas aprender a resolver asertivamente los conflictos que se presenten. Capacítate, lee y cultiva tu vida espiritual para que tengas la sabiduría necesaria para hacer una buena elección de esposo.

Te digo diferente lo que comenté anteriormente. No "necesitas" a un hombre en la casa por las razones que escucho a cada rato. Si recibes un ingreso, aprende a hacer presupuesto y a administrar sabiamente los recursos. Entonces, si los grifos dejan de funcionar, llama al plomero y págale; si tienes un problema de electricidad, llama a un electricista y págale; si tu casa necesita pintura, págale a un pintor. Puedes indagar en la Internet cualquier servicio que necesites. Para nada de eso necesitas un hombre en la casa, ni casarte a la ligera.

Disparate #7: Enamorarse rápido después de la separación

¡Qué problema nos ha causado la frase popular de que "un clavo saca otro clavo"!. Nada más falso. La literatura seria sobre conducta y relaciones humanas nos recomienda que después de terminar una relación, se esperen por lo menos dos años antes de iniciar otra. (Cuando escribo "terminar una relación", me refiero a un divorcio legal dictaminado. Muchas personas cometen el disparate de iniciar otra relación sin siquiera estar divorciados, con la excusa de que ya están separados. No es igual. Mientras hay solo una separación matrimonial, puede incluso haber reconciliación, o quién sabe cuándo habrá divorcio, y es una penosa posición para un tercero, una tercera, y todos los afectados.)

Durante ese tiempo recomendado de dos años, puedes analizar por qué no funcionó la relación, qué errores cometió tu pareja y qué errores cometiste tú, no para condenarte, sino para superarte, y no repetirte. Es tiempo de perdonarte a ti misma y perdonarlo a él.

Cuando te sientas libre de rencor y de resentimiento, tendrás la claridad mental para enamorarte, si es que te quieres enamorar nuevamente. En ese momento estarás preparada para no cometer los mismos errores, ni escoger el mismo tipo de pareja con quien no pudiste convivir.

Disparate #8: Vivir como si fueras una soltera sin hijos

Un disparate común de las madres solteras es vivir como si no tuviesen la responsabilidad de dar ejemplo a sus hijos. Se comportan como niñas de 15 años que no tienen la madurez necesaria para llevar la responsabilidad del hogar.

Una mujer llegó a consejería porque se quería divorciar de su esposo alcohólico que le hacía pasar muchas vergüenzas en público, y no le daba buen ejemplo a sus hijos por la conducta que exhibía cuando se emborrachaba. La relación llegó a tal extremo que ella decidió divorciarse y lo logró. Nadie tiene que quedarse en una relación de maltrato. Estudios revelan que hace más daño un mal padre presente que un mal padre ausente.

Sin embargo, ella cometió el error de comenzar a salir con amigas los fines de semana a beber y a bailar, y dejaba sus hijos adolescentes con su mamá. A los dos meses ya estaba saliendo con un hombre, y a los varios meses ya lo había dejado. Pronto conoció a otro hombre y con ese se casó. Las consecuencias no se hicieron esperar. Los hijos tomaron la ruta de las drogas, y ella se sorprendió. Ella culpaba a su exesposo y su exesposo la culpaba a ella. No importa cuán irresponsable y callejero sea el padre de tus hijos, no imites su mala conducta. Se imita lo bueno, no lo malo. Nosotras debemos mantenernos como mujeres firmes y dignas que comprenden que después de tener hijos, la prioridad es cuidarlos, cubrir sus necesidades básicas, disciplinarlos, y llenarlos con amor y ternura. Nuestra vida debe convertirse en una inspiración para ellos.

Disparate #9: Compartir con tus amistades y descuidar a tus hijos

Es muy triste ver cómo muchas mujeres solteras buscan la compañía de personas que en nada abonan a su crecimiento. Las amistades ejercen una influencia en el carácter lenta, pero segura, ya sea para bien o para mal.

> *"No se dejen engañar por los que dicen semejantes cosas, porque «las malas compañías corrompen el buen carácter».*

> *Piensen bien sobre lo que es correcto y dejen de pecar. Pues para su vergüenza les digo que algunos de ustedes no conocen a Dios en absoluto*" (1 Corintios 15: 33-34).

Debemos amar a todas las personas, pero no debemos caminar con todas. Así como las enfermedades se contagian, también se contagian las malas costumbres. Es impresionante ver a mujeres y a hombres quedarse bebiendo, jugando billar y hablando después que salen del trabajo. Llegan a sus casas a las ocho de la noche, a la una de la mañana, y otros no llegan. ¿Será posible que en una época donde el tiempo de mujeres y hombres está tan comprometido, haya espacio para estar con amiguismos mientras el resto de la familia sufre la falta de un abrazo, un beso, un te quiero y un comer juntos en familia saboreando el amor de los unos por los otros? Ya esto que acabo de decir me ubica en la mente de muchas, en el tiempo de la antigüedad. No obstante, los hijos necesitan recibir ese calor de la "antigüedad".

Lo que haces por tus hijos ahora, ellos te lo agradecerán y lo recordarán toda la vida. Aunque no soy una madre soltera, sino casada por cuarenta y un años, mis hijos, quienes ya son adultos y tienen sus niños, cuando semanalmente nos reunimos, comienzan a hacer sus historias de lo que mami les cocinaba, de la casita de muñecas que papi les hizo a las niñas, de cómo papi le enseñó al varón todas sus habilidades manuales, del recuerdo de su primera caja de herramientas de juguete, pero que funcionaban, de el día que se les cayó un televisor nuevo por querer cambiarlo de lugar y ya no funcionó jamás, de las enseñanzas, la disciplina y muchos detalles hermosos que albergan en su corazón.

Todos esos elementos y tantos otros formaron su carácter, dieron paso a las historias que hoy cuentan, y nos dan la oportunidad de reír juntos y de llorar juntos. Lo que aprendieron lo están enseñando ahora a sus hijos. Eso significa familia, y nada de eso se logra criando los hijos por control remoto mientras se está aquí y allá con amistades. De ninguna manera estamos defendiendo el ser antisocial, pero sí el ser conscientes de que el tiempo que queda después del trabajo es tan corto que si lo llenas con amistades, gimnasio, pub, *Facebook*, computadora y todo lo que te pueda robar el poco tiempo libre que tienes, tus hijos morirán lentamente de inanición de amor y de cuidados. Aunque sé que tu esfuerzo es grande porque toda la responsabilidad recae sobre ti, no te desesperes. Invierte tu vida en tu familia porque cuando ya ellos no estén en tu casa, sentirás la satisfacción de ver tu proyecto de vida terminado con éxito.

• • • •

INVIERTE TU VIDA EN TU FAMILIA.

• • • •

Siempre admiro y toca mi corazón el dibujo de la casita que le sale humo por la chimenea. En ese calor de familia fui criada y así crié a mis hijos. Hoy son ellos los que vienen a calentar mi hogar con su amor y agradecimiento. No escuches a las mujeres insensatas que te dicen: "Olvídate, goza de la vida porque después los hijos se casan y se van". Se van para siempre los que crecieron sin vínculos de amor, pero quienes hemos criado alimentando ese vínculo, ni la muerte puede cortarlo. Mi papá murió hace cuarenta años, y todavía siento su amor y su ternura. Mi mamá enviudó a los cuarenta años, ya dos de los cinco hijos estábamos casados y mi hermana menor tenía tres años. Ella partió con el Señor, y ninguno olvida todos sus esfuerzos. Estuvimos pendientes de ella toda su vida hasta el último momento, reciprocando su amor y los cuidados que tuvo con nosotros. Vivimos eternamente agradecidos de ella. Mantener el calor del hogar es posible cuando tú has recibido el calor del amor de Dios en tu vida.

Disparate #10: Contagiar a los hijos con la tristeza de que falta un padre

He conocido numerosas madres solteras, pero viene a mi mente una en particular que hacía varios años que había terminado con un noviazgo largo. Un día reapareció el enamorado, la emoción la embargó y nubló el razonamiento. De ese reencuentro de esa noche, nació su hija. Después de ese momento de intimidad, él se alejó para siempre y no procura a su hija. Todas las gestiones se han hecho a través del Tribunal. Durante ese primer año ella se sintió culpable, y con una tristeza inmensa que se podía apreciar a simple vista. Le expliqué que debía perdonar al hombre y perdonarse a sí misma. Ahora debía disfrutar de ese regalo que representaba su hija, y demostrarle que la vida es preciosa a pesar de. Ya han pasado varios años, está con nosotros en la iglesia y su actitud ha cambiado totalmente.

Es importante destacar que a pesar de todos los sacrificios que esta joven mujer ha tenido que hacer, porque no tiene casi familia extendida y el padre de la niña no se ocupa de su hija, ella me dice que se arrepintió del error de haber tenido sexo fuera del matrimonio y de haber sucumbido a sus palabras de amor. Pero jamás se ha arrepentido de haber dado a luz a su hija.

El final de la historia de la mujer mencionada ha sido feliz porque cambió su actitud frente a lo que pasó.

• • • •

EL PASADO ES UN MUERTO QUE NO MERECE LA PENA RECORDAR.

• • • •

Amigas queridas, el pasado es un muerto que no merece la pena recordar. Como digo en uno de mis libros, *Lo que pasó, pasó*:

No resucites el pasado trayéndolo a tu memoria porque lo que hace es entristecerte, y la tristeza no resuelve nada, al contrario, complica tu existencia. No instigues en tus hijos el dolor ni la melancolía por el padre que no está. Transmíteles a tus hijos la paz que solo Dios nos da. Críalos en la confianza del Padre que nunca falla. Enséñales con tu vida que los errores no nos descalifican. Si aprendemos de ellos, quedan capitalizados como una experiencia de vida con la que crecemos y ayudamos a otros a crecer. Si tus hijos te ven feliz se sentirán seguros y protegidos, pero si te ven triste, creerán que esta vida es un viacrucis. Marca su corazón con tus convicciones, con la alegría de vivir, porque Dios está presente siempre, su amor es incondicional y en todo momento nos sostendrá. Y sobre todas las cosas...

Semillas de Amor

¡Mantén la calma!

***"El Señor te protegerá; de todo mal protegerá tu vida. El Señor te cuidará en el hogar y en el camino, desde ahora y para siempre"* (Salmos 121:7-8 NVI).**

CAPÍTULO 10

LOS DISPARATES DEJAN HUELLAS

Los disparates que cometes no te descalifican, pero pueden dejar huellas en tus hijos o en ti. Con mucho amor continúo mi lista.

Disparate #11: Decir delante de los hijos: "Ya no sé qué hacer con estos niños".

Es innegable que la tarea de la madre soltera no es fácil, pero yo siempre he dicho que todo lo que es excelente cuesta esfuerzo, sacrificio, entrega y dedicación. El primer esfuerzo grande que debes hacer es demostrar alegría y satisfacción en la tarea que tienes en tus manos: edificar tu hogar y la vida de tus hijos en un ambiente de amor y de paz, pero con la firmeza que los niños necesitan percibir para que aprendan a respetarte a ti y los límites que tú traces.

Cuando manifiestas que no sabes qué hacer con un niño de tres años, ¿qué se podrá esperar cuando tenga quince años? El decir eso y proyectar esa impotencia creará en tu hijo inseguridad, porque percibirá que su vida depende de una persona débil que no puede con él. Si gritas, pegas, le dices palabras soeces, le estás enseñando una conducta que después practicará contigo, sus hermanos y donde quiera que vaya, porque el hogar es la escuela en la que se preparan los niños para vivir en la sociedad.

En una ocasión una señora iba gritando e insultando a su hijo de cinco años mientras estaba en una mega tienda. A mí se me hace imposible ver maltrato y quedarme indiferente, así que le recomendé de la manera más dulce, que si acostumbraba al niño al diálogo y a reprenderlo con firmeza, pero con amor, tendría como resultado un hijo que se sentiría amado y aceptado. Como consecuencia su comportamiento sería digno de verse. La señora me contestó: "¡Usted no sabe lo que hay ahí!", refiriéndose a su hijo. Finalmente yo terminé diciéndole: "Los hijos se parecen a sus padres, porque ellos son quienes forman su carácter con su modelaje".

La familia es la sociedad en miniatura en la que nuestros niños aprenden desde que nacen cómo se relacionarán con los demás, cómo canalizarán el coraje, cómo enfrentarán los conflictos, cómo resolverán los problemas, en fin, cómo pensarán, sentirán y actuarán, cuando lleguen al mundo de los adultos que se llama sociedad.

• • • •

LA FAMILIA ES LA SOCIEDAD EN MINIATURA EN LA QUE NUESTROS NIÑOS APRENDEN.

• • • •

Un niño me decía: "Cuando alguien se estaciona en el lugar donde mi abuela iba a estacionarse, ella comienza a hablar duro y a insultar a la persona". Estoy segurísima de que al hacerlo la abuela no se dio cuenta de las tutorías de mal comportamiento que le estaba dando a su nieto. Los niños aprenden lo que viven.

Elimina ese pensamiento equivocado que tenía esa madre y siembra el pensamiento de Dios que dice: "*Dirige a tus hijos por el camino correcto, y cuando sean mayores, no lo abandonarán*" (Proverbios 22:6).

Ahora que mis hijos ya están casados, he podido comprobar lo que nos enseña ese mensaje bíblico de Proverbios. Cuando observo a mis hijos me doy cuenta de que ellos están practicando lo que aprendieron en nuestro hogar, y a su vez se lo están enseñando a sus hijos. He aquí algunas de esas enseñanzas que quedaron grabadas para siempre en el corazón de mis hijos:

- Dios es primero. Sin Él somos ramas secas que no pueden dar fruto.
- La familia es nuestro tesoro, y como tesoro es necesario valorarla y cuidarla.
- Los hermanos deben amarse y permanecer unidos aunque a veces piensen diferente. ¡Nunca, nunca, nunca! deben dejar de hablarse ni de amarse ni de buscarse. Si alguno ofende al otro, debe pedir perdón y el ofendido debe perdonar, porque no saben si al otro día estarán vivos para hacerlo. Cada minuto que Dios nos permite vivir cuenta. Es necesario valorarlo porque una vez pasó ya no podemos recuperarlo.
- No hablen mal de su familia. Mejor que eso es decir con amor lo que les duele que les hagan o digan, para que quien les ofendió pueda corregir el error.
- Conserven un buen crédito, porque con nuestra responsabilidad honramos a Dios, a nuestros padres y nos respetamos a nosotros mismos.

- Mantengan limpia y ordenada su casa porque como tenemos la casa y sus alrededores, tenemos la mente.
- Respeten a los demás aunque a veces no se lo merezcan. Ustedes darán cuentas a Dios por lo que hicieron, y no por lo que otros les hicieron.
- Cuando tengan hijos, trátenlos con respeto para que ellos los respeten a ustedes.
- Cuando le llamen la atención a sus hijos, háganlo en privado.
- Tengan compasión de los que no han tenido el hogar que ustedes han tenido.
- Sean responsables en su trabajo, y respeten a sus compañeros y superiores.
- Sean siempre agradecidos.
- Perdonen las ofensas que otros les hacen, así como Dios nos ha perdonado las nuestras.

• • • •

UNA BUENA FAMILIA ES UNA TAREA PREMEDITADA QUE EXIGE ESFUERZO, DEDICACIÓN Y SACRIFICIO.

• • • •

Una buena familia no es cuestión de suerte. Es una tarea premeditada que exige mucho esfuerzo, dedicación y sacrificio, pero al pasar los años y mirar hacia atrás, sentimos una gran satisfacción de ver el fruto de la semilla sembrada.

Disparate #12: Comparar su hogar con los que tienen la presencia de un padre

Las madres solteras se enfrentan a un gran reto. Cuando sus hijos vayan a la escuela observarán que hay familias que tienen un elemento adicional que ellos no tienen: se llama papá. He descubierto que una de las preguntas más temidas de las madres solteras es: "Mamá, ¿por qué yo no tengo papá?" o "¿Por qué papá no vive con nosotros?" o "¿Por qué papá se fue?". Aunque es muy triste la pregunta, porque como buenas madres quisiéramos que nuestros hijos tuviesen satisfechas todas sus necesidades incluyendo la de sentirse amado por su papá, la realidad es que hay padres que están ausentes parcial o totalmente. Pero como mujeres sabias, debemos tener la gracia para contestar sin proyectar la imagen de que "somos una familia desgraciada" porque papá no está con nosotros.

Lo ideal sería que las familias estuvieran constituidas por papá, mamá y los hijos, pero la realidad es que hay padres y madres que han renunciado a su responsabilidad porque se han ido con otra pareja o porque quieren vivir "la vida loca". Igual hay padres y madres que han muerto, y le toca al sobreviviente llevar el peso de la responsabilidad. Sea cual fuere la situación, la contestación no debe incluir nada ofensivo sobre quien no está en el hogar (aunque se lo merezca), y debe incluir un elemento de esperanza con el cual el niño pueda superar la realidad que está viviendo. No podemos cambiar la circunstancia, pero sí la actitud con relación a esta. ¿Qué podrías contestar a la pregunta del niño?

- Tu papá no está, pero Dios está con nosotros para amarnos y ayudarnos en todo lo que necesitemos.

- Tu papá se fue, porque él no tiene la madurez para comprender que la familia debe amarse y permanecer unida. Oremos para que él algún día pueda entenderlo.
- Aunque tu papá no esté, Dios nos ha prometido que nunca nos dejará solos, así que estamos seguros.
- Aunque tu papá no esté, debemos aprender a ser felices a pesar de que las cosas no son como quisiéramos.
- Aunque tu papá no esté, mamá está contigo para amarte y bendecirte siempre. Aprendamos a vivir felices a pesar de...

Disparate #13: Decirle al hijo varón: "Ahora tú serás el hombre de la casa".

Por lo general, cuando un padre muere o la madre se queda sola en el hogar por las circunstancias que sean, ya sea la mamá o las amistades de la familia, le dicen al hijo: "Ahora tú serás el hombre de la casa". El tono que acompaña la afirmación pretende ser de estímulo, pero no es así, porque en la mentalidad del niño se está colocando una responsabilidad demasiado grande para su capacidad. Es como decirle: "Se murió el piloto, ahora tú tienes que continuar el viaje hasta China". Es mejor decir: "Papá no está, pero mamá no está sola, Dios es su compañía y con su ayuda, nuestra familia está segura".

Disparate #14: Usar a tus hijos como confidentes de tus angustias y sufrimientos

La práctica de usar a los hijos como consejeros la he visto mucho en los hijos preadolescentes y adolescentes. Las madres sumergidas en el dolor de la pérdida de su esposo se apoyan en uno de los hijos para contarle cómo se siente y, en ocasiones, el hijo es el lleva y trae de ella y su ex esposo. Las consecuencias son graves porque se sobrecarga al hijo o a la hija con una información que no está a la altura de su experiencia y su madurez emocional, creando en ellos una ansiedad que a veces termina en depresión o ataques de pánico. Además, se coloca a los hijos entre mamá y papá, lo que para ellos es horrible porque se sienten en medio de dos amores y dos lealtades.

Disparate #15: Hablarle a los hijos mal de su papá

Aunque el papá de tus hijos sea *King Kong*, nunca debes hablar mal de él con tus hijos. Permite que sean ellos mismos los que con el tiempo vayan descubriendo sus debilidades y fortalezas. Fomenta en ellos el amor y el perdón a su papá, aunque se haya equivocado.

• • • •

FOMENTA EL AMOR Y EL PERDÓN A SU PAPÁ, AUNQUE SE HAYA EQUIVOCADO.

• • • •

Disparate #16: Salir con cada hombre que conozcas, esperando conocer un papá para tus hijos

Tus hijos no necesitan que le busques un padre. Lo que sí anhelan es que la madre que tienen presente en su hogar llene sus necesidades emocionales con su amor y entrega. Es como quien se va por la playa con un detector de metales, esperando encontrar algo valioso. En el trayecto encontrará un sinnúmero de objetos que no tienen valor, y puede ser que regrese a su casa después de la búsqueda, sin haber encontrado nada más que caracoles que solo sirven para la decoración.

Recuerdo el caracol grande que compré en mi viaje de luna de miel cuando me casé con mi esposo. Lo he conservado como un recuerdo por cuarenta y un años. Aparte de ser un lindo recuerdo, no ha desempeñado ninguna otra función de importancia. Y existen mujeres que todos los días salen con su detector de hombres para ver si encuentran la varita mágica de su felicidad y la de sus hijos, pero lo único que encuentran son caracoles que solo sirven de adorno y no componen nada en la formación de sus hijos ni de su hogar.

Finalmente, cuando sus hijos crecen y tienen capacidad, voltean su cabeza para mirar el pasado y se encuentran con una colección de nombres en orden alfabético que no abonaron en nada a su desarrollo físico ni el emocional, y menos a su desarrollo espiritual.

Sería mejor que tus hijos te vieran crecer emocionalmente, esforzándote por superarte y por tener cubiertas sus necesidades.

Disparate #17: Creer que un hombre va a resolver todos tus problemas

Este disparate es cometido por innumerables mujeres que creen que la felicidad de ellas y la de sus hijos dependen de tener un hombre en la casa. Es como quien dice: "A mí nadie me va a robar porque tengo un perro muy grande en la casa o a mí nadie me va a robar porque tengo un policía en casa". Un hombre no es la solución a tus problemas. A veces es el agente generador de problemas nuevos, porque llega a maltratar a tus hijos o a maltratarte a ti, dándole un mal ejemplo a tus hijos y creando un ambiente de tensión familiar totalmente innecesario. Si tú sola no puedes vivir en paz con tus hijos, menos lo vas a lograr con un hombre que trae su propia historia.

Amístate con Dios, deposita en Él tus cargas, y verás la gloria de Dios en ti y en la vida de tus hijos. No es malo que pienses que en algún momento puedas conocer un buen hombre para llegar a casarte, pero sí es terrible que vivas atada a un detector de hombres esperando que la suerte te toque. El volver a casarse es un asunto serio que involucra la salud mental, espiritual y física no solamente tuya, sino también la de tus hijos. No lo puedes dejar a la suerte. Es necesario que hagas un esfuerzo consciente en el que debes involucrar a tus hijos. Yo me indigno cuando me dicen él es muy bueno, pero mis hijos no lo quieren. ¿Y aún así tú te vas a casar con él? Un hombre no es el pasaporte a la felicidad. Si sientes que te falta algo para estar completa, que todavía no eres feliz, no puedes seleccionar un buen hombre. Siempre nos recomiendan que cuando vayamos al supermercado, hayamos comido primero para que seleccionemos alimentos que nos nutran, porque con hambre escogemos mucha comida conocida como chatarra. Así mismo para hacer una buena selección de un hombre no puedes ir hambrienta de amor porque también escogerías lo que no va a edificar a tu familia, sino que la destruirá. Tus hijos te agradecerán por siempre el que seas más que cuidadosa a la hora de escoger una persona con la que ellos tendrán que compartir tan íntimamente en el seno del hogar.

Disparate #18: Hacer un consenso de opiniones cada vez que vas a tomar una decisión con personas cuyas vidas son un desastre, en lugar de capacitarte con la lectura de la Biblia para tomar decisiones sabias

> *"Escucha el consejo y acepta la corrección para que seas sabio en tu porvenir"* (Proverbios 19:20 RVA-2015).

Es cierto que hay muchos momentos en nuestras vidas cuando necesitamos consultar a alguien sobre una decisión que debemos tomar, no solo en el amor, sino en el aspecto económico, al comprar una casa, un automóvil. Pero es importante que tengas claro a quién debes consultar, y que estés capacitada para evaluar las recomendaciones que te hagan para que tú finalmente escojas la mejor, de acuerdo a tu criterio. Eso se llama criterio propio.

Sin embargo, es necesario destacar dos aspectos muy importantes: la clase de vida que manifiestan las personas consultadas y la calidad de tu criterio propio. Si la vida de las personas consultadas es un fracaso, ¿qué autoridad y sabiduría tienen para darte un buen consejo? Por otra parte, si tu criterio propio es pobre porque carece de conocimiento y sabiduría, tampoco cualificaría para tomar una buena decisión. Por eso es tan importante que sepas cómo escoger una amistad, y que te eduques con la lectura de la Biblia además de otros libros que te instruyan y te capaciten para desarrollar un buen criterio propio. Compara el tiempo que dedicas a tu capacitación con el que le dedicas a tu *Facebook*. ¿Qué descubriste?

Si a una persona que actúa irresponsablemente en su trabajo, tú le preguntas si debes ausentarte porque te cayó una pestaña en el ojo, te contestará que sí. Pero si se lo hubieses preguntado a mi papá, que iba siempre más allá de la responsabilidad, te diría que de ninguna manera. Si le preguntas a alguien que roba si debes robar en una mega tienda, te dirá que sí porque ellos son ricos y tú no. Pero si me lo preguntas a mí, te diré que de ninguna manera porque la Biblia nos manda a no robar.

Disparate #19: Escuchar a los que te dicen "tienes derecho a hacer lo que quieras" o "piensa en ti primero", "porque tus hijos se van a ir y van a hacer su propia vida"...

A todo ese coro de voces que te dicen "tienes derecho a hacer todo lo que quieras", contéstale que no todo te conviene; que tú no actúas dirigida por tus derechos, sino por tus convicciones. Diles que anhelas llegar al final de tus días con un corazón lleno de paz, y poder mirar hacia atrás y sentir la satisfacción de que todo lo que hiciste fue respetando a Dios, a tus hijos y a ti misma.

• • • •

NO TODO TE CONVIENE.

• • • •

Disparate #20: Escuchar a los que dicen que "eso de cuidarte estaba bien para cuando eras soltera, pero ya tú estuviste casada, eres una mujer madura y el mundo ha cambiado..."

A veces pienso que la sociedad en que vivimos ve a la mujer como si fuera un producto, que una vez se rompe el sello que lo distingue como nuevo, todo el mundo puede saborearlo. Es como si los valores tuviesen fecha de expiración y pasaran de moda. No importa cuántos años tengas, debes cuidarte como alguien valioso que eres. No puedes regalarte ni compartir una relación con cualquier persona, sino con alguien que cualifique, que llene los requisitos que ya tú has estipulado.

Disparate #21: Permitir que un hombre pernocte en tu casa de vez en cuando, o que se mude a vivir contigo

Ahora está de moda que cuando la mujer se enamora, invita al hombre a que se quede en su casa algunos días. Esta práctica no es buena para ninguna mujer, porque ella no sabe si está con ella porque la ama o por el sexo recreativo sin compromiso que le permite tener. Aparte de esto, el sexo fuera del matrimonio se conoce como fornicación y la fornicación es pecado, como ya he dicho antes.

Las solteras con hijos, además de afectarse ellas, se afectan sus hijos. Los niños necesitan arraigo, estabilidad y conexión emocional para criarse sanos emocionalmente. Esa estabilidad no existe en los hogares donde "hoy lo ves y mañana no lo ves". Esta situación genera un sentido de pérdida constante porque se acostumbran a esa persona unos días y de repente, no lo ven. Por otra parte, el elemento "sorpresa" de encontrar un desconocido que entra en su hogar y en la noche duerme con su mamá, crea confusión.

Si es amigo o novio, ¿por qué duerme con ella algunas veces? ¿Y si se supone que es esposo por qué no vi la boda y por qué se va repentinamente? Cuando esa relación termina y viene otro "amigo" a hacer lo mismo, otra vez "sorpresa", y tiene que adaptarse a otra persona con nuevas costumbres y nuevos regaños. Al que viene muchísimas veces, la madre le permite hacer y deshacer con los niños, y algunas llegan al extremo de exigirles que le digan "papi". Así que durante todos esos cambios, los niños ganan varios papás y pierden varios papás, y finalmente se quedan sin ninguno y con ninguno hubo vínculo de ninguna clase. ¡Qué triste es formar parte de la familia Ninguno, porque todos se veían como papá, y ninguno amó ni se vinculó como un padre debiera hacerlo con sus hijos! Tus hijos debieran ser tu prioridad y no tu deseo de tener un hombre a tu lado.

• • • •

TUS HIJOS DEBIERAN SER TU PRIORIDAD.

• • • •

Disparate #22: Permitir que un hombre que no se ha casado contigo administre tu dinero y tus recursos, y la pensión alimentaria de tus hijos

Mientras escribo y llego a este punto, me indigno al ver cómo hay mujeres tan flojas de carácter que conviven con uno que, como ella, no le da importancia al compromiso legal que tiene el matrimonio. Encima de eso, ellas le permiten que el susodicho le administre su dinero, le administre la pensión alimentaria que reciben los hijos de parte de su padre, le administre si su padre biológico ve o no los niños, y le administre la disciplina. Ese hombre administra todo en el hogar, y no es nada de ella legalmente. Luego viene la queja de que los hombres son unos "sinvergüenzas".

Mujer, si no comienzas a respetarte a ti misma, si no respetas las leyes que impone la sociedad como lo es el matrimonio, si no respetas lo que Dios dice en su Palabra, ¿cómo quieres ser feliz sin cumplir con las leyes terrenales y las celestiales? Ponte en tu lugar, no convivas, enseña a tus hijos que las leyes son necesarias para mantener el orden. Un pueblo sin orden al igual que una familia sin orden, es un caos en el que no se respetan los derechos, no hay consideración, no hay paz, cada quien hace lo que quiere y como quiere, y está presente constantemente el miedo a la pérdida, debido a que se carece de responsabilidad.

Nuestra vida no puede ser un culto a la "vida loca". Es necesario vivirla conscientes, sabiendo que recogeremos en nuestro caminar lo que hayamos ido sembrando mientras caminamos. Debemos también ser conscientes de que un día le rendiremos cuentas a Dios por la manera en que cada una de nosotras la administró.

• • • •

NUESTRA VIDA NO PUEDE SER UN CULTO A LA "VIDA LOCA".

• • • •

Si deseas volver a enamorarte, no lo hagas como lo están haciendo tantas mujeres que prueban una y otra vez como si esta decisión no fuera trascendental. Si realmente quieres volver a enamorarte, debes tener criterios de excelencia para que no repitas tu historia. Hazlo a la manera de Dios:

- Ama a Dios con todo tu ser.
- El hombre que te pretenda debe amar a Dios, amarse a sí mismo, amarte a ti y a tus hijos.
- No sexo antes del matrimonio. Si te ama, sabrá esperar.
- Que ame a tus hijos y que se gane el amor de ellos. Si él tiene hijos, que tú hagas lo mismo con los de él.

La clave del éxito de nuestra existencia se encuentra en el libro del Antiguo Testamento, Deuteronomio 6: 5-9.

> *"Ama al* Señor *tu Dios con todo tu corazón, con toda tu alma y con todas tus fuerzas. Debes comprometerte con todo tu ser a cumplir cada uno de estos mandatos que hoy te entrego. Repíteselos a tus hijos una y otra vez. Habla de ellos en tus conversaciones cuando estés en tu casa y cuando*

vayas por el camino, cuando te acuestes y cuando te levantes. Átalos a tus manos y llévalos sobre la frente como un recordatorio. Escríbelos en los marcos de la entrada de tu casa y sobre las puertas de la ciudad."

En esos versículos Dios le da al pueblo de Israel la clave para administrar bien su vida y la de su familia, de generación en generación. Es un llamado a la congregación de Israel para adorar a Dios, porque no hay otro Dios más grande que Él. Dios le pide al pueblo lealtad absoluta y una entrega total: con todo el *corazón, con toda el alma* y con todas las *fuerzas*. Amar a Dios significa someterse a él, obedecer completamente sus leyes. Por esa razón Jesús dijo: "*Si me aman, obedezcan mis mandamientos*" (Juan 14:15).

Si como madre soltera obedeces la Palabra, Dios te dará la sabiduría para educar a tus hijos aunque su padre no esté, y tus hijos continuarán transmitiéndole tu legado de generación en generación. Ver que de tu vientre salió un ser en el que sembraste una buena y bella semilla que sigue dando frutos, es la satisfacción más grande que pueda tener una madre.

• • • •

DIOS TE DARÁ LA SABIDURÍA PARA EDUCAR A TUS HIJOS.

• • • •

Disparate #23: Repetir la infidelidad que cometiste en tu matrimonio anterior, y que te convirtió en una mujer divorciada

Nuestra sociedad ha avanzado en medicamentos, adelantos científicos en la cura de enfermedades, en la tecnología, pero no ha adelantado en la moral y en los principios. Ambas palabras, moral y principios, han caído en desuso porque lo que tiene que ver con caminar por el sendero recto se ha visto como un ejercicio aburrido y monótono. Ha ocurrido de tal manera que la infidelidad ha cobrado un auge asombroso, no solo en los hombres, sino en el grupo de las mujeres. Estudios sobre infidelidad concluyen que esta ha aumentado considerablemente en los últimos años, a pesar de que el 90% de las personas estudiadas dicen que ser infiel es malo.

Cuando yo tenía diecisiete años, era algo normal y rutinario que el hombre fuera infiel, pero que la mujer lo fuera era algo del otro mundo. Según fui avanzando en edad, fueron también creciendo los casos de infidelidad. Hoy día, tanto las mujeres como los hombres están siendo infieles. Sean ricos, pobres, negros, blancos, creyentes, no creyentes, la infidelidad no discrimina al escoger sus víctimas, ni le importa el dolor ni la destrucción que deja a su paso en el corazón de las familias.

Lo curioso es que tanto hombres como mujeres que caen en esta práctica exigen que sus cónyuges sean fieles y leales a ellos. He tenido casos en que él ha llegado a consejería indignado por la infidelidad de su esposa, y cuando lo miro fijamente a los ojos y le hago la pregunta más sencilla del mundo: "¿Tú le has sido infiel a tu esposa?". Me ha contestado con un rotundo "Sí".

La infidelidad es muy dolorosa porque implica una traición a la persona que juraste ante el altar que llenarías con tu amor. Es como esperar que ese esposo se vuelva de espaldas, y enterrarle un puñal a él y a tus hijos. Es como traicionarte a ti misma cuando estás actuando indignamente. Es enseñarle a tus hijos una lección de deslealtad.

Se han escrito infinidad de artículos, libros y conferencias sobre las razones que tienen las mujeres para ser infieles. Hasta se ha llegado a decir que es un gen que algunas personas tienen que les inclina a esta práctica. Pero ninguna me ha convencido ni me convencerá. Ser fiel es cuestión de principios y no de circunstancias. Yo estoy segura de que las mujeres y hombres que son infieles, lo son porque tienen vacíos en su corazón que creen que los pueden llenar con un hombre o una mujer; así como otros llenan sus vacíos con el juego, la bebida, las drogas, el consumismo, la comida o cualquier otra cosa material.

Entre las razones que se mencionan para explicar el porqué de la infidelidad están: su esposo no es cariñoso, su esposo no le dedica tiempo, es un maltratante, no es compatible sexualmente con su esposo, él le fue infiel y ella quiere que sepa lo que se sufre, o monotonía en la relación. Cada una de mis lectoras quizás pueda añadir a la lista "una razón adicional". Ninguna de esas razones es válida. La mujer que es infiel, lo es porque decide hacerlo, porque carece de principios definidos y no ha desarrollado un carácter firme.

Posiblemente pensarás que estoy siendo demasiado fuerte, no obstante, lo que he querido hacer es destacar lo terrible del adulterio en lugar de justificarlo, para que las mujeres entren en razón, dejen la flojera de carácter, y se decidan a ser dignas y a respetarse a sí mismas, a Dios y a su familia. A pesar de los casos de mujeres infieles que he visto, debo confesarte que las amo y siento compasión por ellas porque yo sé el final de la historia de pasión que les espera: dolor, dolor y más dolor. Una mujer después de serle infiel a su esposo me decía que por más que se bañaba se sentía sucia.

Las mujeres solteras que han llegado al divorcio por la infidelidad que ellas mismas cometieron, viven la mayoría de las veces sintiéndose miserables y culpables por haber sido ellas las que lo provocaron. Pero la culpabilidad no convierte a nadie en una mejor persona, no te hace cambiar de conducta ni trae paz a tu vida. Los divorcios de estas mujeres muchas veces se convierten en batallas legales interminables donde los hijos son quienes más sufren, y en las que a veces hasta pierden la custodia de sus hijos. Luego se enfrentan al desprecio de ellos y a otra larga batalla para recuperar su amor. Para empeorar su situación, se quedan solas porque el hombre que fue su amante sigue caminando en dirección opuesta.

Judas, uno de los doce apóstoles vendió a Jesucristo por treinta monedas de plata, y luego de su traición se sintió culpable. En su desesperación se ahorcó. La culpabilidad trae desasosiego y turbación al corazón; el arrepentimiento nos conduce a un cambio radical de conducta. La persona que se siente arrepentida por lo que hizo, no quiere repetir la acción ni recordarla jamás.

Querida amiga, Dios aborrece el pecado, aborrece el adulterio, pero ama con intensidad a quien lo comete, y está dispuesto a perdonarlo todo después de un arrepentimiento genuino. Así lo demuestra su Palabra:

> *"Este es el mensaje que oímos de Jesús y que ahora les declaramos a ustedes: Dios es luz y en él no hay nada de oscuridad. Por lo tanto, mentimos si afirmamos que tenemos comunión con Dios pero seguimos viviendo en oscuridad espiritual; no estamos practicando la verdad. Si vivimos en la luz, así como Dios está en la luz, entonces tenemos comunión unos con otros, y la sangre de Jesús, su Hijo, nos limpia de todo pecado. Si afirmamos que no tenemos pecado, lo único que hacemos es engañarnos a nosotros mismos y no vivimos en la verdad; pero si confesamos nuestros pecados a Dios, él es fiel y justo para perdonarnos nuestros pecados y limpiarnos de toda maldad. Si afirmamos que no hemos*

pecado, llamamos a Dios mentiroso y demostramos que no hay lugar para su palabra en nuestro corazón" (1 Juan 1:5-10).

Quienes se arrepienten genuinamente:

- Le confiesan su pecado a Dios.
- No justifican su pecado ni culpan a otros por los mismos.
- Terminarán su relación adúltera y evitarán cualquier contacto con el susodicho.
- Su vida dará frutos dignos de arrepentimiento.

Cuando vivimos en el orden de Dios, tenemos paz con Él, con nosotras mismas y con los demás. En una próxima relación aprende de la experiencia pasada y mantente fiel en todos tus actos. ¡Que la fidelidad siempre te defina!

Semillas de Amor

Mantén la calma. ¡No te desesperes!

Encárgate de obedecer la Palabra, que Dios se encargará de darte la fuerza, el poder y la sabiduría para dirigir tu hogar y ver los frutos.

CAPÍTULO 11

LOS DISPARATES NO TE DESCALIFICAN PARA VIVIR... ¡PERDÓNATE!

Siempre he preferido vivir en el presente, extendiéndome hacia el futuro con mi mirada puesta en las alturas, llena de confianza y esperanza; haciendo todo lo que está en mis manos hacer, y dejándole los imposibles a Él, a ese Dios que me creó. Pero he visto un mal que está acabando con la vida de muchas mujeres, y es el hábito que han desarrollado de caminar mirando hacia atrás. ¿Sabes quién está detrás de ti y de todas las que viven pensando y repensando sus disparates cometidos? El Sr. Pasado con un registro de todos los disparates que hemos cometido, clasificados por fecha, hora y lugar. Él guarda bien ese registro y a cada rato los enseña a aquellas que viven mirando hacia atrás, con el propósito de crear culpabilidad, intranquilidad y desasosiego en sus corazones.

Los hospitales psiquiátricos están todo el año ocupados trabajando con todas esas personas que se quedaron abrazadas al pasado. Ellas revivieron ese ayer doloroso con sus pensamientos, y han pensado que ya están descalificados para enfrentar nuevos retos. El solo hecho de recordar los eventos que les produjeron dolor y tristeza, les activaron las mismas emociones que sintieron cuando en realidad ocurrió el suceso.

Hoy yo quiero decirte que el pasado está muerto. Los muertos no pueden caminar para llegar hasta el presente, porque están en el mundo en el que ya no pueden dar marcha atrás para empezar de nuevo y poder eliminar ese error o sus consecuencias. Si con el sufrimiento pudiésemos volver atrás, les recomendaría que lloraran hasta morir. Cuando lloras y sufres por algo que marcó tu vida, ¿puedes eliminarlo de tu historia? De ninguna manera lo podemos borrar.

Sin embargo, cuando nos hemos arrepentido, nos hemos perdonado a nosotras mismas, y hemos perdonado a quien nos agravió, podemos recordar el suceso y no nos duele. Es como cuando nos quemamos cocinando. Sabemos que hace un año nos quemamos con el sartén cuando vemos la cicatriz, pero qué bueno que ya no me duele ni estoy quejándome contra el sartén, ni odio el sartén, pero sé que me quemé con él. Si por más que llores por lo que te hizo ese hombre que te engañó, no logras nada, ¿para qué seguir llorando y dedicándole tanto espacio en tu mente, en lugar de ocuparte de ti, de tus hijos y de tu superación personal?

• • • •

TÚ TIENES LA CAPACIDAD DE DEJAR EL PASADO EN EL CEMENTERIO DEL AYER.

• • • •

Solo tú tienes la capacidad de dejar el pasado en el cementerio del ayer, o darle vida trayéndolo al presente con tus pensamientos. Si hoy pudieras grabar en tu corazón que los errores no nos descalifican, podrías estar planificando qué podrías hacer para superarte, para aprender a manejar tus emociones, para no repetir los errores cometidos, y ser una mujer de carácter.

Las mujeres de carácter no son las que dicen:"Un clavo saca otro clavo","Yo hago lo que me dicta el corazón","En el corazón nadie manda","Qué de malo tiene si nos amamos". Las mujeres de carácter son las que actúan por convicción; las que entre el deseo y lo que es correcto, escogen lo que es correcto; las que no se dejan llevar por lo que hace la mayoría, sino por lo que Dios dice en su Palabra que es por nuestro bien; las que no se dejan llevar por palabras bonitas llenas de romanticismo, sino por las acciones de integridad; las que se valoran y no permiten que nadie las zarandee ni las manipule; las que tienen criterio propio; las que enfrentan los problemas con optimismo sabiendo que de alguna manera encontrarán la solución; las que no se dejan amedrentar por la situación económica porque saben administrar su dinero y sus capacidades para cubrir su presupuesto; las que maximizan sus capacidades dejando que sea el favor de Dios lo que les dé la ventaja.

Las mujeres de carácter son las que le consultan a Dios primero antes de tomar cualquier decisión, sin importar que otras personas no entiendan sus pasos. Son las que crían a sus hijos con ellos como prioridad, por encima de las críticas de una sociedad de valores distorsionados; aquellas que saben quién es su Proveedor y buscan su presencia en todo tiempo. Son aquellas que han atravesado solas varios desiertos, sabiendo que solo Dios les revelará la salida y las pondrá en honra.

Perdónate

Mujer, deja ya de pensar en los disparates cometidos. Deja de verte y tratarte como alguien que fue descalificado, a quien se le quitó el poder o se desautorizó en el camino de la vida para alcanzar perdón y superación. Ningún ser humano es perfecto como para decirte que ya no tienes remedio, que tu tiempo de salir adelante ya pasó, y que ya no puedes cambiar en el tiempo que te queda por vivir. Nadie te puede cancelar la oportunidad de levantarte, sacudirte el polvo que has acumulado en tu caminar, y salir victoriosa después de haberte sentido derrotada por los disparates y pecados cometidos. Jesús, quien era un hombre perfecto, cuando los fariseos y escribas de su época le trajeron a una mujer porque fue sorprendida en el mismo acto del adulterio, les dijo: «*¡Muy bien, pero el que nunca haya pecado que tire la primera piedra!*»(Juan 8:7).

• • • •

DEJA DE VERTE Y TRATARTE COMO ALGUIEN QUE FUE DESCALIFICADO.

• • • •

Dice La Biblia que quienes la acusaban, cuando oyeron lo que había dicho Jesús, se fueron retirando uno tras otro comenzando por los de más edad, porque todos ellos sabían que habían pecado de una u otra forma, y no tenían fuerza moral o autoridad para condenar a nadie. Cuando quedaron solos Jesús y la mujer adúltera en medio de la multitud, Él le dijo a la mujer: "*—¿Dónde están los que te acusaban? ¿Ni uno de ellos te condenó? —Ni uno, Señor —dijo ella.—Yo tampoco —le dijo Jesús—. Vete y no peques más*" (Juan 8:10,11).

Ninguno pudo apedrear a la mujer porque ninguno era perfecto. Si quien era Perfecto perdonó la imperfección, quién eres tú y quién soy yo para no perdonarnos cuando nos equivocamos. Amiga querida, nuestro Dios es misericordioso y perdonador. Su amor es incondicional y no importa cuán bajo hayamos caído, es maravilloso saber que Él nos levanta del lugar donde hayamos caído, nos mira con sus grandes ojos de misericordia, nos besa y nos abraza, y nos dice: "Vete y no peques más". Es precioso sentir que el único que nos puede condenar, nos perdone, nos levante y nos libere de la carga pesada de la culpabilidad.

¿Puedes entender ahora por qué debes desarrollar el carácter de Jesús y ser fiel a su Palabra? Su amor es puro, cumple sus promesas, siempre nos va a amar aunque no seamos señorita universo, y siempre nos perdona y nos perdonará.

No le alquiles espacio a los pensamientos negativos

Fred Luskin, un reconocido psicólogo, autor del libro *¡Perdonar es sanar!* comenta que pensar excesivamente en el problema o en la ofensa que se ha sufrido, es como alquilarle espacio para que viva en nuestra cabeza.[1] De acuerdo a esta explicación, podemos concluir que las heridas mueren cuando las dejamos sin aliento, y las echamos de nuestra mente. Quiere decir que para lograrlo, es imprescindible sustituir los pensamientos negativos por pensamientos de bien. Cada pensamiento produce un químico que corresponde a cada sentimiento o sensación de nuestro cuerpo. Si los pensamientos son alegres y positivos, el cerebro elaborará químicos que harán que nos sintamos alegres y actuemos alegremente. Cuando la señal viaja de regreso al cerebro comenzará nuevamente el ciclo, generando pensamientos positivos. Mientras tanto, si los pensamientos son de odio o de enojo, el cerebro producirá químicos que corresponderán a estos y provocarán, igualmente, sentimientos de odio y enojo, que producirán acciones de coraje y continuarán de regreso al cerebro generando pensamientos negativos. Esto ocurre porque el cuerpo le responde al cerebro con la misma calidad de las reacciones que recibe de él.[2] Quiere decir que somos nosotras las que tenemos la responsabilidad de decidir cuál es la calidad del reciclaje de: «pensamientos–sentimientos–acciones–pensamientos» que queremos tener en nuestra vida.

Dios nos dice en su Palabra que así como la persona piensa, es su vida y su comportamiento:

> *"Porque cual es su pensamiento en su corazón, tal es él..."* (Proverbios 23:7 RVR 1960)

Significa que los pensamientos de amor, consideración, perdón, apoyo y compasión se convierten en sentimientos de amor, consideración, perdón y compasión que a su vez se convertirán en acciones de amor, consideración, perdón, apoyo y compasión. Así también, los pensamientos de odio, desconsideración, rencor y falta de compasión se convierten en sentimientos y acciones de odio, desconsideración, rencor y falta de compasión, porque el cerebro y el cuerpo se alimentan mutuamente y reciclan las emociones.

Dios, en su sabiduría, nos ordena en su Palabra a que nos liberemos del sufrimiento, la ira, la violencia verbal, la difamación y de toda actitud de maldad, y nos dice que en lugar de hacer lo malo, amemos y perdonemos, así como Él, a través de Jesucristo, nos ha perdonado nuestros pecados y nuestra mala manera de vivir:

> *"Líbrense de toda amargura, furia, enojo, palabras ásperas, calumnias y toda clase de mala conducta. Por el contrario, sean amables unos con otros, sean de buen corazón, y perdónense unos a otros, tal como Dios los ha perdonado a ustedes por medio de Cristo"* (Efesios 4:31-32).

Dios no nos expresa que perdonemos si queremos, o si lo sentimos. Tampoco nos advierte si la persona se lo merece. Él nos da una orden: «Líbrense, perdónense». Lo hace así porque el perdón es una decisión y Él sabe que todas esas bajas pasiones como la amargura, la furia, el enojo, las palabras ásperas y todo lo que implique mala conducta, te mantienen esclavizada al dolor. No podemos esperar hasta que sintamos el deseo de perdonar a quien nos ha hecho daño, porque si fuera así, casi nadie, por no decir nadie, podría perdonar. El perdón es un regalo inmerecido que tú decides otorgar a quien te hizo daño de una u otra forma.

¿Quién quiere perdonar a la madre o al padre que le regaló a otra persona al nacer, al padre que la restallaba contra las paredes del baño cuando se enfurecía, a quien le violó, a quien abusó sexualmente de un hijo, a quien le rechazó, a quién asesinó a su ser querido, a quien se fue con otra mujer, a quien refinanció la casa con la firma de su esposa, tomó el dinero en sus manos, se fue con otra y la dejó con la deuda? La respuesta natural del cuerpo es protegerse, amar a quien le ama, bendecir a quien lo bendice y detestar a quien le hace daño. Es necesario agregar también otro agravante, y es que muchos padres, de forma inconsciente, desde pequeños les enseñan a sus hijos a seguir la llamada ley del talión (ojo por ojo, diente por diente). He escuchado a padres que les dicen a sus hijos: «Si algún muchacho te da en la escuela, dale tú también. No te quedes como un bobo, date a respetar. Si vienes con un golpe, te voy a dar otro encima».

Sin embargo, Dios nos manda a ir en contra de saciar la sed de venganza que nos pide el cuerpo, y nos dirige a favor de lo que Él nos manda a hacer y que Él mismo practicó cuando estuvo en la tierra: amar y perdonar. Por eso nos advierte que no nos dejemos dominar por nuestra naturaleza pecaminosa, sino por el Espíritu Santo que mora en los que hemos recibido a Jesús como nuestro Señor y Salvador. La decisión tuya y la mía es amar y perdonar. Amar aunque la persona no se lo merezca, y perdonar aunque tampoco se lo merezca. Para lograr llegar a esta excelencia de carácter, es imprescindible vivir abrazadas al poder del amor de Dios porque es su presencia en nuestra vida la que genera en nuestro ser los pensamientos de bien que se convierten en sentimientos de bien, y dan paso a las acciones de bien.

> *"Los que están dominados por la naturaleza pecaminosa piensan en cosas pecaminosas, pero los que son controlados por el Espíritu Santo piensan en las cosas que agradan al Espíritu. Por lo tanto, permitir que la naturaleza pecaminosa les controle la mente lleva a la muerte. Pero permitir que el Espíritu les controle la mente lleva a la vida y a la paz. Pues la naturaleza pecaminosa es enemiga de Dios siempre"* (Romanos 8:5-7).

• • • •

LA CALIDAD DE TUS DECISIONES DEPENDERÁ DE LA CALIDAD DE TUS PENSAMIENTOS.

• • • •

Puedes pensar que ya he repetido muchas veces el ciclo de los pensamientos, yo soy consciente de eso, pero fui maestra por varios años y me di cuenta de que la repetición es la madre de la enseñanza. Es mi anhelo que puedas fijar en tu intelecto y en tu corazón que así como tu hogar debe permanecer limpio y ordenado para vivir saludable, debes tener tu mente y tu corazón limpios y organizados para vivir en armonía con Dios, contigo misma y con los demás. Por esa razón la Biblia hace tanto hincapié en la importancia de los pensamientos, y nos expresa que los que están dominados por lo malo es porque piensan en cosas malas, pero los que están dominados por el Espíritu Santo de Dios, piensan en cosas buenas, agradables y edificantes. Si llenas una moledora de carne, el producto será carne molida, pero si lo llenas de vidrio, el producto será vidrio molido. La carne te puede alimentar, pero el vidrio te puede ocasionar la muerte. Tu vida será lo que proceses en tu cerebro, porque todo lo que sembramos cosechamos. La calidad de tus decisiones dependerá de la calidad de tus pensamientos.

En nuestro ser hay una lucha entre lo que impulsa al cuerpo y lo que mueve al espíritu; por eso es tan importante cultivar la espiritualidad. Cuando nuestro espíritu recibe el alimento del Dios Padre, se nutre y está menos expuesto a activarse para hacer lo malo, porque está llenando su pensamiento de las ideas de quien nos creó y le está enviando el mensaje al cuerpo para que obedezca las directrices de quien tiene constantemente el anhelo de que vivamos felices.

Como ya dije antes, Jesucristo demostró que era un hombre de carácter. No insultó a Satanás, pero le habló claro y con argumentos irrefutables: la gente no vive solo de lo material, sino practicando las enseñanzas que salen de la boca de Dios, y que hoy día Dios nos transmite a través de su Palabra que está contenida en La Biblia, porque su Palabra es para siempre y es la que nos da la verdadera vida. Si las mujeres asumieran esa actitud de Jesús, ¿cuántas lágrimas, sufrimientos, depresiones y culpas se evitarían? Si ellas mostraran esa seguridad con la que Jesús le respondió a Satanás, habría que ver cómo se conducirían muchos de los hombres que actúan con tanta irresponsabilidad en el hogar.

Desgraciadamente, son innumerables las mujeres que no han desarrollado carácter y dicen sí cuando quieren decir no, demuestran inseguridad, se dan íntimamente a cualquiera que le haga un cuento de amor o que tenga una buena musculatura, exhiben una actitud ambivalente, con poca o ninguna convicción. Mientras tanto, los hombres con su conducta irresponsable hacen y deshacen con las vidas de sus esposas porque perciben que por más que ellas vociferen y peleen, no tienen el carácter para lograr lo que quieren y permanecerán bajo su yugo de maltrato.

Las palabras de sabiduría de Jesús, quien fue perfecto porque siempre hizo la voluntad de su Padre, Dios, deben ser nuestro modelo a seguir para que nuestra vida sea fructífera. Mientras más lo seguimos, más nos acercamos a la excelencia y mejor relación tenemos con Dios, con nosotras mismas y con los demás. Dice el pasaje bíblico que después de que Satanás insistió tanto en tentar a Jesús sin tener éxito, Jesús le dijo que se fuera de allí. El diablo se fue, y en ese momento precioso llegaron ángeles para cuidar a Jesús. Si confiamos en Dios y resistimos la tentación por medio de la Palabra, Dios no nos va a faltar y enviará a los ángeles a que nos cuiden y nos sostengan.

¡Mis amigas queridas, no estamos solas! Él tiene especial cuidado de nosotras y envía a sus ángeles a cuidarnos. No sucumbas a la tentación de odiar a quien te ha herido. Es imprescindible romper el ciclo del odio y la venganza, para que comiences el ciclo que Dios te propone: el amor, el perdón y la obediencia a Él, si quieres vivir plenamente. Lo que te hicieron no es lo más importante; es lo que tú decidas hacer con lo que te hicieron. Es tu actitud frente a lo que te hicieron lo que importa. No le daremos cuentas a Dios por lo que nos hicieron, sino por lo que hicimos con lo que nos hicieron. Dios es bueno y para siempre es su misericordia. Él es quien nos consuela en los momentos de aflicción para que consolemos a otros cuando ellos también pasen por el valle del dolor.

• • • •

ES TU ACTITUD FRENTE A LO QUE TE HICIERON LO QUE IMPORTA.

• • • •

"Él nos consuela en todas nuestras dificultades para que nosotros podamos consolar a otros. Cuando otros pasen por

dificultades, podremos ofrecerles el mismo consuelo que Dios nos ha dado a nosotros" (2 Corintios 1:4).

Ya es tiempo de dejar atrás el pasado y poner nuestra mirada en Jesucristo, nuestro modelo por excelencia. Es tiempo de entender que las malas decisiones que tomaste en el pasado estuvieron basadas en el conocimiento que tenías en esa época. No sabías lo que has aprendido ahora con la lectura de este libro que escribí con todo mi amor para ti. Como antes no sabías lo que sabes hoy, no podías hacer lo que harás desde ahora en adelante con las enseñanzas que has recibido de esta mujer de sesenta y tres años que te ama, y anhela que seas feliz y que tomes control de tu vida.

Jamás olvides que los disparates no te descalifican. Si los incorporas como experiencias de aprendizaje, forman en ti un carácter firme y decidido. Lo más importante es que te levantes del error, sanes tu dolor, y veas un nuevo amanecer para tu existencia. Dios no quiere condenarte, anhela redimirte. ¡Ríndete a Él!

Semillas de Amor

Mantén la calma. ¡Para cada disparate que hayas cometido, hay perdón! Aprende de los disparates, y no permitas que la arena movediza de las equivocaciones te trague y te destruya. Agárrate de la mano del Dios, que te ama, te perdona y te dice: "Vete y no peques más".

Capítulo 12

EL YUGO DESIGUAL ES MÁS QUE BÍBLICO

De acuerdo al diccionario, el yugo es un instrumento de madera al cual se uncen por el cuello las mulas y los bueyes, y en el que va sujeta la lanza del carro o el timón del arado.[1] Se usa para labrar la tierra. En esa definición es importante destacar que son dos bueyes o mulas que van sujetados unidos a un trozo de madera por el cuello. Ambos deben andar hacia una misma dirección, ambos a un mismo paso, y ambos tienen que ser animales fuertes que soporten el peso de la madera del yugo. Destaqué la palabra "ambos" porque para que un yugo funcione, tienen que ser dos los que estén uncidos. Como lo que une el yugo al carro del arado es una lanza, el peso tiene que estar balanceado entre los dos animales para que no se vire el carro que arrastran los bueyes. Los dos animales tienen que ser de la misma especie para que tengan la misma fuerza. Así se logra que los surcos queden derechos y profundos, de tal manera que la planta sembrada crezca bien.

Fíjate en esa última característica: tienen que ser de la misma especie. No puede ser un burro con una mula, ni un buey con una mula. Tienen que ser dos bueyes o dos mulas, porque los animales de una misma especie tienen unas características en común que les permiten tener éxito en la tarea que van a desempeñar. Por tanto, los yugos de éxito, sean de animales o de personas, son los que tienen unos elementos esenciales en común que les permiten enfrentar las tareas de la vida con todos los contratiempos que le acompañan.

En los animales es muy sencillo cumplir con el requisito de igualdad de especie necesario para formar el yugo, porque estos no razonan ni tienen la capacidad de seleccionar. Si los animales pudieran ser capaces de seleccionar, estarían haciendo yugos desiguales que serían ineficaces en la agricultura. Veríamos una yunta de un burro y una yegua, un camello y un gato, un perro y una hormiga. Entonces los surcos estarían virados, los hoyos irregulares y las plantas no tendrían el ambiente ideal para desarrollarse.

Posiblemente puedes encontrar ridículos esos yugos que mencioné, pero ese tipo de yugos es el que innumerables mujeres hacen todos los días una y otra vez, a pesar del dolor que les ocasionan. Muchísimas mujeres se sienten atraídas por un hombre, y no evalúan si es de "la misma especie" para enyugarse con él. Busca en la Internet la imagen de lo que es un yugo, para que seas consciente de lo que significa enyugarse con alguien: la proximidad a la que están, los acuerdos que deben tener para dar pasos al mismo ritmo; a donde vaya uno tiene que ir el otro.

Dios mismo, conociendo las debilidades del hombre y la mujer, dejó en su Palabra esta advertencia para cuidarnos y protegernos de muchas angustias. Por eso nos dice:

> *"No formen yunta con los incrédulos. ¿Qué tienen en común la justicia y la maldad? ¿O qué comunión puede tener la luz con la oscuridad? ¿Qué armonía tiene Cristo con el diablo? ¿Qué tiene en común un creyente con un incrédulo? ¿En qué*

> *concuerdan el templo de Dios y los ídolos? Porque nosotros somos templo del Dios viviente. Como él ha dicho: «Viviré con ellos y caminaré entre ellos. Yo seré su Dios, y ellos serán mi pueblo.» Por tanto, el Señor añade: «Salgan de en medio de ellos y apártense. No toquen nada impuro, y yo los recibiré.» «Yo seré un padre para ustedes, y ustedes serán mis hijos y mis hijas, dice el Señor Todopoderoso"* (2 Corintios 6: 14-18 NVI).

Ese yugo que nos presenta el apóstol Pablo en Corintios es uno desigual: justicia con injusticia, luz con oscuridad. ¡Qué muchos casos he visto de mujeres creyentes que se enamoran de uno que no es creyente porque según ellas "él es tan buena persona"! Hoy día esas mismas mujeres que se casaron con la "buena persona" se arrepienten una y otra vez de haber tomado esa decisión. Han sido las más infelices porque por un lado ellas quieren hacer el surco derecho atendiendo lo que les pide su espíritu, y ellos quieren ir zigzagueando haciendo lo que les pide el cuerpo.

• • • •

DOS JAMÁS PODRÁN ESTAR JUNTOS SI NO SE PONEN DE ACUERDO.

• • • •

Dos no pueden estar en un yugo amarrados uno con el otro, y una querer ir en una dirección y el otro querer continuar en otra dirección. Dos jamás podrán estar juntos si no se ponen de acuerdo. ¡Ser bueno no basta! Es tener un corazón conectado al corazón de Dios; eso sí marca la diferencia. Me dirás que conoces muchas personas que están en las iglesias y hacen barbaridades. Yo te voy a repetir de la siguiente manera: "El estar en una carnicería no nos hace una posta de lomillo y el estar en la iglesia no me convierte en una hacedora de la Palabra". El yugo desigual no te conviene nunca. No se limita solamente a las convicciones religiosas. A veces pueden ser diferencias económicas, diferencias en la educación, marcadas diferencias en las edades, y cualquier otro aspecto que pueda generar graves conflictos.

Querida amiga, el matrimonio es un yugo en el que nos amarramos dos personas para caminar por la vida juntos, abriendo surcos y sembrando semillas de amor para que quienes nos rodean puedan florecer. Y digo un yugo porque después que te casas no puedes salirte de esa yunta y seguir caminando hacia donde quieres, cuando tú quieres y como tú quieres. Esa enseñanza la ha traído la sociedad moderna, pero ha sido un desastre para la familia. Ni servil ni libertina, la mujer debe tener dignidad, darse a respetar y hacer de su hogar un lugar en el que se respire paz, seguridad y unidad. Siempre digo: "mansas, pero no mensas". Una vez te casas, ambos deben decidir cuál es su visión, hacia dónde se dirigen y cómo lo van a lograr.

En mi caso conocí a quien es hoy mi esposo cuando yo tenía diecisiete años. Ambos teníamos una linda relación con Dios, y queríamos hacer su voluntad. Así que teníamos una fe en común. Cuando nos fuimos conociendo descubrí que para ambos los principios y valores eran nuestro eje. La familia ocupaba un sitial de importancia en nuestras vidas. Servir a otros era y es nuestro deleite. Ambos éramos responsables y trabajadores, ambos administrábamos bien nuestro tiempo, estábamos estudiando en la universidad, estábamos comprometidos con el trabajo de la iglesia, teníamos largas conversaciones sobre los temas teológicos.

No éramos religiosos, sino practicantes de la Palabra de Dios y no tuvimos sexo en los cinco años de noviazgo. ¿Qué quiere decir esto? Que aprovechamos el tiempo conociéndonos, alimentando una amistad, haciendo vínculos emocionales con nuestras respectivas familias. En una palabra, invertimos muchos segundos, minutos y horas, tejiendo la base de lo que ha sido nuestra bella relación por cuarenta y un años de casados. Su familia ha sido mi familia y la de él ha sido la mía. Nuestros tres hijos fueron educados con amor y ejemplo, y todos tienen a Dios como centro de sus vidas. El legado que les dejamos a ellos es el que han pasado a sus hijos, y estoy segura de que sus hijos lo pasarán a los de ellos. ¡Esa herencia es más importante que todo el dinero que les podamos dejar en una cuenta bancaria! Porque esa herencia les capacita para la vida.

Pero fíjate. Lograr esta familia no ha sido un acto de suerte ni del destino. Ha sido una entrega de corazón de los dos que estamos enyuntados a nuestro Dios y a su Palabra. ¡Imagínate cuánto amo a ese hombre con el que he estado enyugada con cuerdas de amor, respeto y admiración por cuarenta y un años y cinco de novios! Imagínate cuánto terreno hemos arado, cuántas semillas hemos sembrado y cuántos frutos hemos cosechado. Todo esto suena bonito y romántico, pero también hemos tenido que sacar yerbajos y matar insectos que quisieron matar nuestra cosecha. No obstante, Dios nos dio la sabiduría de actuar de la manera de correcta para encontrar las soluciones adecuadas. Los conflictos siempre estarán presentes en nuestra vida; lo importante es cómo los resolvemos. ¡Dios es la clave para hacer surcos derechos!

• • • •

NADIE PUEDE PEDIR EL HOMBRE IDEAL SI ELLA NO ES LA MUJER IDEAL.

• • • •

Es importante señalar que un yugo es de dos y no de uno solito. Para atraer a un hombre con buenas características, tienes que ser una mujer con buenas características. Nadie puede pedir el hombre ideal si ella no es la mujer ideal. ¿Cómo vas a escoger bien al hombre con quien te vas a enyuntar, si tú misma no sabes hacia dónde te diriges, ni tienes una visión correcta de quién eres tú ni de quién es Dios?

Enyugarse es una responsabilidad grande porque es un enlace que involucra todo tu ser. Así que si en estos momentos evalúas tu vida a la luz de la Palabra y te das cuenta de que no has vivido a la altura de esta, no te mortifiques ni te sientas culpable. Es tiempo de que extiendas tu mirada a Jesucristo, le entregues tu corazón, sientas su perdón, y comiences a tomar decisiones que salen de un corazón arrepentido y agradecido de Dios. Eso significa enyugarse con Jesús. Para poder hacer un buen yugo con un buen hombre, tienes que haber hecho un yugo con el hombre perfecto que es Jesús, nuestro Señor y Salvador. La Biblia dice:

> *"Luego dijo Jesús: «Vengan a mí todos los que están cansados y llevan cargas pesadas, y yo les daré descanso. Pónganse mi yugo. Déjenme enseñarles, porque yo soy humilde y tierno de corazón, y encontrarán descanso para el alma. Pues mi yugo es fácil de llevar y la carga que les doy es liviana»"* (Mateo 11:28-30).

Jesucristo invita a todos los que viven cargados y cansados a enyugarse con Él porque Él es manso y humilde, y en Él encontraremos descanso. La mansedumbre y la humildad son dos características que brindan paz a todo aquél que se acerca a Él y se acerca a nosotras cuando hemos decidido imitar su carácter. Lo más importante es que Él mismo nos manda a ponernos el yugo porque es fácil y la carga que Él nos da es liviana. Nos ama tanto que no nos sobrecarga porque Él lleva la más pesada y difícil.

Es probable que algunas lectoras puedan pensar que yo menciono demasiado a Dios. Me atrevo a hablar de Jesucristo sin ningún temor porque en los medios de comunicación se puede hablar de horóscopos, de lo que dice el péndulo, de lo que dicen los espíritus y la metafísica, y a todo eso se le da foro diariamente, pero cuando se habla de Dios, algunos piensan que es enseñar religión. Ellos hablan del Ser Supremo y las buenas vibras como si la palabra Dios fuera fea y mala, y hubiera que buscar un eufemismo. De ahí que yo decidí en mi vida que si otros hablan tan abiertamente de sus dioses, yo hablo y hablaré sin rodeos del mío que me ha hecho tanto bien.

Los verdaderos creyentes son aquellos que buscan siempre las cosas justas, rectas y agradables a Dios. La Biblia dice que los creyentes vivimos en la luz de Dios, mientras que el incrédulo vive en la oscuridad porque no conoce la verdad del hijo de Dios.

El Señor quiere que llevemos Su yugo. Él ha ligado Su Yugo a nuestro cuello para que caminemos juntos por los surcos derechos que Él nos va trazando. La diferencia con el yugo que se ponía a los animales y el yugo de Cristo, es que el de los animales era una pesada carga, y el de Cristo no se ve porque es espiritual y es liviano.

No te dejes engañar por los sentimientos ni por la presión social que no toma en cuenta lo que implica el yugo desigual, y lo continúa practicando a pesar del sufrimiento que implica. En lugar de eso, atiende el consejo de Dios.

• • • •

NO TE DEJES ENGAÑAR POR LOS SENTIMIENTOS NI POR LA PRESIÓN SOCIAL.

• • • •

En días recientes fue una pareja de novios a nuestra iglesia porque quieren casarse. Él me explicó que además quieren una consejería, porque él es evangélico y ella es católica. Les expliqué que parece insignificante el detalle de ser religiones diferentes, pero es importantísimo. Los miré a él y a ella y les pregunté: "¿Qué pasará cuando tengan un hijo y ella lo quiera bautizar, y él quiera esperar hasta que el niño crezca y tenga conciencia de pecado?". El bautismo significa muerte a la vieja criatura para que surja la nueva criatura que quiere obedecer a Dios. Por eso es que la persona se sumerge completa en el agua y el salir de esta implica que surge la nueva criatura.

En ese mismo momento ellos se miraron queriendo decir cada uno: "No había pensado en eso". Otra vez se miraron cuando les pregunté: "¿Qué harás cuando ella quiera ir a la discoteca y tú no quieras hacerlo? ¿A qué iglesia asistirán? ¿Irán cada uno a su iglesia? ¿En dónde queda la unidad familiar?" Luego les dije: "Pero esta no es la consejería, será más adelante" y añadí: "Ustedes son libres para decidir, pero la experiencia me ha dicho que las parejas que se casan haciendo yugo desigual, terminan en divorcio o en un Vía Crucis eterno".

Decide obedecer el consejo de Dios y no decidas a base de esperanzas inútiles de posibles cambios. Cásate con lo que es el hombre ahora, y no con lo que pudiera llegar a hacer.

Semillas de Amor

Mantén la calma.

¡En lugar de enyugarte con el mal, enyúgate con el bien, y podrás ver las bendiciones de la obediencia!

CAPÍTULO 13

CÓMO ESCOGER AL HOMBRE CORRECTO (NO TIENE QUE SER UN PRÍNCIPE Y MUCHO MENOS, AZUL)

Si los elementos que han formado tu carácter no han sido favorables para tener los criterios correctos para seleccionar un buen hombre, todavía puedes aprender esos criterios y tomar buenas decisiones. Tanto las buenas decisiones, como las malas, se forman por el cúmulo de experiencias que has ido acumulando durante tu vida. Si las experiencias que han ido formando el carácter que te define son buenas, tendrás los criterios adecuados para tomar una buena decisión. En cambio, si tus experiencias fueron deficientes, verás la vida con un lente diferente, y carecerás de los elementos necesarios para tomar una buena decisión para seleccionar el hombre que esperas y que has esperado por tantos años.

Mientras buscas a ese hombre como tu Príncipe azul, sin percatarte, debido a tus actitudes equivocadas, lo que atraes casi siempre o siempre son príncipes tenebrosos. Si constantemente anhelas, deseas y esperas un ser llamado hombre que te complete como mujer, le estás diciendo a todos y a ti misma que eres una mujer incompleta. Y si estás incompleta, Dios no ha llenado tu vida, y estarás vagando por esta buscando quien te complete, creyendo que la pieza que se llama hombre es la que falta para llenar tu rompecabezas.

Mi mamá siempre nos decía: "Nunca se pregonen", refiriéndose a que no estuviéramos ofreciéndonos a los hombres. Hoy día cuando leo algunas de las definiciones de la palabra pregonar entiendo a perfección de lo que mi madre nos libró. Porque pregonar es publicar en voz alta un asunto de interés público; es anunciar a voces la mercancía para venderla.[1] Mujeres, nosotras no somos ni de interés público ni mercancía que está a la venta por tanto. No se pregonen por Internet ni por ningún medio. Cuántas fotografías provocativas en el *Facebook*, cuántos comentarios fuera de lugar, cuántos anuncios directos: "Busco hombre alto que sea responsable, tierno y amigable. Si reúnes esos requisitos comunícate conmigo". Al lado del anuncio presentan a la mujer en traje de baño con el tallo de una rosa entre los dientes, en una postura sensual. ¡Eso es pregonarse!

Cuando veas un hombre que te atraiga, DISIMULA, como aconsejaba alguien que estaba orientando sobre cómo hacer una entrevista de trabajo: "Que no se vea tu necesidad, porque te ofrecerán menos dinero de sueldo, porque entenderán que tienes tanta necesidad que te acomodarás a cualquier condición de empleo". La interacción de hombre-mujer en el amor es muy parecida a la dinámica de la entrevista de trabajo. Si el hombre lee en tu actitud que le gustas tanto y mueres por él, sabrá que te conformas con poco, que no se tiene que esforzar mucho para conservarte. Buscará la forma de llevarte a la cama y luego eliminarte como si fueras un pañuelo desechable. Si dejas ver tu necesidad de amor, te verá como una mendiga de amor y te dará cualquier limosna de amor para conformarte.

Atraerás hacia ti hombres sin escrúpulos que regalan una imitación muy parecida al amor a cambio de sexo recreativo, terminando siempre tirada en un rincón. Tú no eres una mujer de rincones, tú eres creación de Dios y cuando Él entra a tu corazón, te conviertes en la hija del Dios viviente y como tal debes ser tratada. No eres del rincón, eres de la realeza. La gente de la realeza no mendiga, porque ya lo tiene todo; es líder, no compite por el poder porque ya sabe que lo posee; no tiene que pedir ser valorada, porque ya sabe que tiene valor; infunde respeto; coloca límites en la relación; y con sus actitudes se gana la admiración de todos.

• • • •

TÚ NO ERES UNA MUJER DE RINCONES.

• • • •

Querida amiga, nuestro valor no depende de lo que un hombre te diga ni de lo que los demás digan de ti. Nuestra identidad se fundamenta en lo que dice y declara Dios en su Palabra independientemente de lo que sintamos o pensemos, independientemente de si te miran los hombres o no, si tienes dinero o no, si tienes las curvas de Sofía Vergara o no. Cuando has permitido que Jesús entre a tu corazón y le crees a las promesas que están en la Biblia, te conviertes en posesión exclusiva de Dios y como tal mereces tratarte a ti misma y ser tratada por los demás:

> *"Pero ustedes no son así porque son un pueblo elegido. Son sacerdotes del Rey, una nación santa, posesión exclusiva de Dios. Por eso pueden mostrar a otros la bondad de Dios, pues él los ha llamado a salir de la oscuridad y entrar en su luz maravillosa. «Antes no tenían identidad como pueblo, ahora son pueblo de Dios. Antes no recibieron* misericordia, *ahora han recibido la misericordia de Dios». Queridos amigos, ya que son «extranjeros y residentes temporales», les*

advierto que se alejen de los deseos mundanos, que luchan contra el alma. Procuren llevar una vida ejemplar entre sus vecinos no creyentes. Así, por más que ellos los acusen de actuar mal, verán que ustedes tienen una conducta honorable y le darán honra a Dios cuando él juzgue al mundo" (1 Pedro 2:9-12).

• • • •

NO SEAS LA ELEGIDA. SÉ QUIEN ELIGE AL VERDADERO HOMBRE.

• • • •

Si ya sabes que eres nación santa y pueblo escogido por Dios, y decides que en algún momento quieres compartir tu felicidad con otra persona, no salgas todos los días a la calle buscando un hombre desesperadamente. Si sales siempre a buscar un hombre con una linterna, es como quien sale con un detector de metales, encuentra de todo en el trayecto y finalmente termina con un hombre de lata que suena, pero no sirve, carece de la esencia del verdadero hombre que tú has soñado, pero no has sabido elegir y conquistar. No seas la elegida. Sé quien elige al verdadero hombre. No brinques ni te tires por un puente saltando de alegría porque fulano te invitó a cenar. Ni llames a tus amigas porque ese fulano te invitó a cenar. Sé discreta, porque lo que le digas a tus amigas llegará a los oídos de él y serás demasiado predecible. Es mejor que aceptes con tranquilidad la invitación a cenar, SIN QUE SE VEA QUE TE ENCANTA el hombre, porque vas con la intención de evaluar a ese candidato, no a dejarte escoger por él y rendirte a sus pies en el mismo restaurante sin saber qué clase de hombre es. Hay mujeres que se sienten privilegiadas porque tal hombre la invitó. Nunca olvides que el privilegio es de quien va a cenar contigo. ¡Valórate!

Debes saber que el hombre por naturaleza es conquistador, por eso, cuando la mujer le es muy fácil, se retira. Esa es otra razón para no correr por la vida buscando un hombre, yendo a lugares donde haya grandes concentraciones de ellos con la esperanza de encontrar al que estás buscando. Es mejor que sigas tu vida normal, esforzándote al máximo para superarte en todas las áreas de tu vida y desarrollar tus capacidades al máximo. En ese caminar diario conocerás de forma natural a las personas que te rodean, sin tú estar con ese rosario de "hoy lo encuentro, lo tengo que encontrar, voy a tal lugar para ver si conozco a un hombre bueno, mis hijos necesitan un padre".

• • • •

EL HOMBRE POR NATURALEZA ES CONQUISTADOR.

• • • •

Ahora vayamos al corazón del secreto para seleccionar al hombre correcto. **Para atraer un buen hombre...**

- Tienes que ser una mujer excelente moral, emocional y espiritualmente. Si eres una mujer hueca y vacía de sentimientos, eso es lo que atraerás.
- Evalúa tu vida y tu relación con Dios para que puedas acercarte a su presencia, y Él te dé la sabiduría para ver lo que otros no ven: el verdadero carácter de las personas.
- Vístete y arréglate con elegancia; eres diferente.
- Sé discreta y no ventiles tu vida personal.
- Actúa prudentemente y no por impulsos.
- Huye de las malas conversaciones porque estas corrompen las buenas costumbres.

- Dirige tu vida por los principios que están en la Biblia.
- Tengas hijos o no los tengas, que tu vida sea de inspiración para otros.
- Practica un buen sentido del humor sin rayar en la indiscreción ni en lo vulgar.
- Sé responsable en tu trabajo.
- Gánate la credibilidad de todos siendo responsable y actuando con justicia.
- Actúa con gracia y deja ver una coquetería fina y delicada.

Veamos algunos de los aspectos que debes observar para saber si un hombre tiene buenas cualidades para convertirse en tu esposo.

- Debe amar a Dios para que se ame a sí mismo y te sepa amar a ti. Si Dios no es el centro de su vida, no está capacitado para edificar una familia basada en principios, porque Dios es la fuente del amor.
- Debe ser soltero; el casado pertenece a otra persona- ¿Crees que serás feliz sabiendo que con quien te casaste tenía un hogar quedó en pedazos para irse contigo? ¡Imagínate si hubieras sido tú y tus hijos los que hubieran sido las víctimas de ese "familicidio" (esta palabra no existe)! Te hubiera dolido mucho. Debo aclarar que ahora está de moda.
- Debes pedirle un certificado de buena conducta de la policía- Una ex compañera de trabajo fue a un viaje en crucero, se enamoró locamente de un hombre que conoció, a los pocos meses, se casó y antes del año, el hombre se desapareció

para siempre. Antes de desaparecer le cargó al máximo sus tarjetas de crédito. Han pasado treinta años y nunca más se supo de él.

- Debes pedirle un informe de crédito- Una mujer después de varios meses se dio cuenta de que el hombre con quien se había casado no tenía un buen crédito, por tanto, no podía ni comprar una casa, ni podía alquilar una casa, porque para alquilar también le pedían el informe de crédito. Te preguntarás ¿qué hicieron cuándo se casaron y por qué ella no se dio cuenta? Porque ella tenía un hijo de dieciocho años, y le dijo a él que quería esperar unos meses en lo que él se iba a estudiar fuera de Puerto Rico. Él, un hombre de cuarenta y cinco años, se quedó viviendo en la casa de su mamá y ella en su apartamento alquilado. Los fines de semana ella se iba a la casa en la que su esposo vivía y se quedaba con él. ¡Qué les parece! Cuando el hijo se fue y ella quiso comprar una casa entre los dos, se llevó la sorpresa de un desastre de crédito por falta de pagos y una lista de innumerables deudas. Resultados: no podía comprar ni un alfiler y se divorció antes de cumplir el primer aniversario. Trazamos nuestra vida con nuestras decisiones.

• • • •

DEBES PEDIRLE UN INFORME DE CRÉDITO.

• • • •

- Debes exigirle una prueba de enfermedades venéreas y de HIV- Quizás pienses que soy exagerada, pero hace muchos años, una joven quien se había mantenido virgen hasta el matrimonio, fue contagiada con SIDA en la misma luna de miel. En ese tiempo, no había los adelantos científicos que existen hoy día para combatir la enfermedad, así que antes del año murió.

- Debes observar si sus palabras son respaldadas por sus acciones o si es un palabrero. La mujer se enamora por lo que escucha, no por las acciones que ve. Las promesas de los palabreros las seducen y ellas se entregan creyéndoles. Nunca te tires a una piscina, solo porque un hombre te diga que tiene agua. El problema no está en los hombres; está en lo que tú les permites que hagan contigo.

- ¿Es responsable, honesto y apasionado por su trabajo, o es alguien que cada tres meses cambia de empleo? – Esto revela que es inseguro, inestable y carece de sentido de responsabilidad.

- Si es divorciado, investiga ¿por qué se divorció?- Por lo general, todos son inocentes y las esposas son las malas, que sé que las hay; pero hay otros que los malos han sido ellos. A los divorciados obsérvalos bien para que corrobores y no vayan a repetir la historia contigo también.

- Si tiene hijos, ¿cómo es la relación con sus hijos? ¿Es responsable con su pensión? - Esto te revelará su carácter y su sensibilidad.

- Si tienes hijos, ¿cómo es ese hombre con tus hijos?- Aunque algunos psicólogos opinan que la madre que se enamora no debe contar con sus hijos, no comparto de ninguna manera esa idea. Ya tus hijos están en tu hogar contigo, quien viene a vivir contigo es un hombre que no es su papá, y que va a entrar en la intimidad de su hogar. ¿Cómo es posible que entre en su casa de un día para otro? ¿Por qué no tejes la relación de tus hijos con él lentamente de tal forma que interactúen y que tú puedas observar si él se sabe ganarse su amor, si tiene paciencia, si es un buen modelo para ellos? ¿Por qué no le permites ser parte del proceso de conocerse todos mientras son novios de verdad? ¿Sabes la cantidad de padrastros que han maltratado a los hijastros, mientras sus madres lo permiten? ¿Sabes cuántas han abandonado sus hijos por irse detrás de un hombre? Es muy triste el que un niño se levante y encuentre a un hombre durmiendo con su mamá. Enséñales con tu ejemplo a respetar la institución del matrimonio, las leyes del estado y las leyes celestiales.

• • • •

¿Cómo es ese hombre con tus hijos?

• • • •

- ¿Trata a su familia (mamá, hermanas) con respeto?- Si los trata mal, ¿cómo será contigo?
- ¿Es sensible y compasivo, o parece "que no tiene corazón"?- Una persona insensible sea hombre o mujer, es como sentarse en la silla eléctrica.
- ¿Administra bien su dinero, sea poco o sea mucho, o vive tomando prestado?- Un mal administrador destruye a su familia con su mal ejemplo y su decadencia económica.
- ¿Cómo actúa cuando tiene un desacuerdo contigo?- Si no sabe comunicarse en el noviazgo, ¿cómo lo hará cuando surjan los conflictos en el matrimonio?
- ¿Puedes observar impulsividad en momentos de tensión, o sabe analizar el problema y escuchar tu punto de vista?- Los impulsivos en lugar de resolver problemas, los complican. Con ellos es imposible lograr un vínculo emocional porque no se les puede hacer confesiones de situaciones difíciles por miedo a su reacción.

- ¿Qué hace cuando algo le da coraje o le causa indignación? ¿Grita, maldice, insulta, dice palabras soeces, rompe cosas, le da puños a la pared, se da a sí mismo?- No esperes, déjalo porque es un maltratante, que te puede llevar hasta la muerte.

- ¿Evade resolver los problemas, o los enfrenta y los resuelve efectivamente? -Quien evade los problemas vivirá dentro de ellos, porque los conflictos que no se resuelven, crecen cada día más.

- ¿Es controlador y vive queriendo saber todo lo que tú haces a cada momento? – Un hombre controlador es una prisión para toda la familia, porque quiere imponer siempre su voluntad y saber lo que hacen su esposa y sus hijos a cada segundo.

- ¿Cómo son sus relaciones interpersonales? – ¿Se sabe relacionar con otros, es amigable o es un amargado que tiene conflictos con todos?

- ¿Es celoso?- He oído mujeres que dicen que quien no cela no ama. Eso es falso porque quien ama no tiene temor y sabe confiar y respetar a su pareja. La persona celosa está insegura de sí misma y tiene miedo a la pérdida.

- ¿Es discreto, o habla todo lo que viene a su cerebro? - Es maravilloso el que un hombre sea discreto y tenga la sensatez de saber cuándo hablar y cuando callar.

- ¿Ama a tu familia y a la de él?- Mientras más se aman las familias, más éxito tendrás. Hay mujeres que quieren que sus esposos quieran a sus familias, pero ellas no quieren a las de ellos. Cuando los hijos ven familias armoniosas crecen con una gran capacidad para resolver conflictos.

- ¡No te enamores ni te cases pensando que tu amor lo cambiará! Cásate con el hombre que es y no con el que te promete ser. Es una falacia pensar que el amor tuyo lo cambiará. Solo cambia quien quiere hacerlo.

• • • •

¡NO TE ENAMORES NI TE CASES PENSANDO QUE TU AMOR LO CAMBIARÁ!

• • • •

Concluimos recordándote que cuando decides seleccionar un hombre para casarte, estás escogiendo a quien será el padre de tus hijos. Si estás buscando una pareja que reúna las características mencionadas de lo que es el hombre correcto, debes evaluarte y preguntarte si tú también reúnes esas características que te convierten a ti en la mujer correcta. Si descubres que no puedes cumplir con ellas, no te frustres ni te culpes. Decídete a hacer cambios, alimentando tu vida espiritual para que te conviertas en la mujer que todo buen hombre anhela como esposa. Jamás podremos pedir a otros lo que nosotras no estamos dispuestas a dar. Jamás podremos cosechar lo que nunca sembramos. Sin embargo, no importa cuán bajo hayas caído Dios siempre te perdona y puedes comenzar de nuevo.

¡Mi secreto para conquistar a mi esposo, edificar una familia y mantenerla unida funcionó! Yo nunca me equivoco. Así espero que te funcione a ti; solo obedece la Palabra de Dios.

Las amo y las bendigo siempre,

Norma Pantojas

NOTAS

Introducción

1. Word Reference.com Diccionario de la lengua española 2005Espasa Calpe. Consultado en línea.

2. Lu Stout, Kristie, Una mujer soltera de 27 años en China es considerada un "Sobrante". Consultado en línea: Kristie Lu Stout CNNEspañol.com/2013/. 22 agosto 2013

Capítulo 1

1. El Mundo Líder mundial en español, Los 'sobrantes' chinos, atrapados entre la presión social y la desesperación, Jueves 17/02/2011. Consultado en línea: http://www.elmundo.es/elmundo/2011/02/17/internacional/1297933544.html

2. Las costumbres de las niñas bien (y las no tanto) en el siglo XIX Por Uriel Gordon y Adriana Silvestre Jueves, 26 de agosto de 2010 a las 12:32, CNNMÉXICO

3. Pantojas, Norma, *Mujer, apriétate el cinturón: es tiempo de ajustar tu vida* (Miami, FL.: Editorial Unilit, 2010), p. 220.

4. Nuevo Diccionario Ilustrado de la Biblia (USA: Editorial Caribe, Inc., 1998), pp. 764-765.

5. MONTSE JOLIS, Mujeres del siglo XXI. Woman Madame Figaro, 12/09/2007. Consultado en línea http://www.woman.es/agenda/protagonistas/mujeres-del-siglo-xxi

6. OP.CIT. Lu Stout, Kristie

Capítulo 2

1. Aceprensa. La insatisfacción de una sociedad obsesionada con la felicidad. Consultado en línea. https://www.aceprensa.com/articles/la-insatisfaccion-de-una-sociedad-obsesionada-con-la-felicidad/ 28.MAR.2011Fuente: City Journal

2. Dispenza J. *Desarrolle su cerebro: La ciencia para cambiar la mente*. Traducción Graciela Perillo. Buenos Aires: Editorial Kier., 2008.

Capítulo 3

1. Hendrix, Harville, Amigos y amantes: La relación de pareja ideal. Traducción Ana María Córdoba. (Colombia: Grupo Editorial Norma. 1991). p.6

2. Wright Norman H. *Siempre seré tu niña pequeña*. Traducción Rhode Flores Barceló. (Grand Rapids, MI: Editorial Portavoz.1991). pp. 10-12

3. Ibíd. p.3

4. Ibíd. P.31

Capítulo 5

1. Carson, Ben, *Piense en grande: ¡Libera tu potencial de excelencia!* (Miami,FL,: Editorial Betania, INC., 1993), p. 27.

2. Ibíd. Pp.28-39

3. Opcit. p.41

Capítulo 6

1. Dispenza, Joe, *Desarrolle su cerebro: La ciencia para cambiar la mente.*(Buenos Aires: Kier, 2008),p. 9.

2. Lammoglia, Ernesto (Dr.), *El amor no tiene por qué doler: Cómo reconocer una relación destructiva.* (México D.F. :Random House, Inc., 2003),p .23.

3. Ibíd. p.25

4. Opcit. p. 438

Capítulo 7

1. Cuentos infantiles Adormir.com Consultado en línea. http://www.cuentosinfantilesadormir.com/cuento-pinocho.htm.

Capítulo 8

1. Goleman, Daniel, *La inteligencia emocional: Por qué es más importante que el cociente intelectual.* (Buenos Aires, Argentina: Javier Vergara Editor, 1999), p.16. (Traducción del inglés por Elsa Mateo)

2. Ibid. p. 17.

3. Pantojas, Norma, *Lo que pasó, pasó...* (Nashville, Tennessee Estados Unidos de América: Grupo Nelson,Inc., 2012), p.46.

4. University of Maryland Medical Center. Consultado en línea. http://umm.edu/health/medical/spanishency/articles/depresion

5. Goleman, Daniel, *La práctica de la inteligencia emocional.* (Barcelona, España: Editorial Kairós, S.A. (Traducción del inglés por Fernando Mora y David González Raga)

Capítulo 9

1. Dispenza, Joe, *Desarrolle su cerebro: La ciencia para cambiar la mente.*(Buenos Aires: Kier, 2008),p.1 .

Capítulo 11

1. Luskin, Frederic (Dr.), *Perdonar es sanar*, Norma S A Editorial (June 30, 2002)

2. Dispenza, Joe, *Desarrolle su cerebro: La ciencia para cambiar la mente.*(Buenos Aires: Kier, 2008)

Capítulo 12

1. Consultado en línea Word Reference. http://www.wordreference.com/

APÉNDICE

LOS 23 DISPARATES QUE JAMÁS DEBES COMETER

1. Descuidar tu vida espiritual.
2. Anhelar un hombre genérico (cualquier hombre).
3. Dejarte sumir en una depresión.
4. Centrar tu atención en un hombre que no ha llegado, o se fue, y abandonarte.
5. Creer que tienes un desperfecto y empezar a perseguir a los hombres.
6. Añorar siempre tener un hombre en la casa.
7. Enamorarte rápido después de la separación.
8. Vivir como si fueras una soltera sin hijos.
9. Compartir con amistades descuidando a tus hijos.
10. Contagiar a los hijos con la tristeza de que falta un padre.
11. Decir delante de los niños "yo no sé qué hacer con estos niños".
12. Comparar tu hogar con los que tienen la presencia de un padre.
13. Decirle al hijo varón: "Ahora tú serás el hombre de la casa".
14. Usar tus hijos como confidentes de tus angustias.
15. Hablar a tus hijos mal de su papá.
16. Salir con cada hombre que conozcas, esperando conocer a un papá para tus hijos.
17. Creer que un hombre va a resolver todos tus problemas.
18. Hacer un consenso de opiniones entre los que menos saben, cuando vas a tomar una decisión.
19. Escuchar a los que te dicen que pienses primero en ti (teniendo hijos).
20. Escuchar a los que te dicen que ya estuviste casada, y puedes hacer lo que quieras...
21. Permitir que un hombre pernocte en tu casa de vez en cuando (sin casarse).
22. Permitir que un hombre te administre tu dinero y el de tus hijos.
23. Volver a ser infiel después de divorciarte por tu infidelidad.

CÓMO ATRAER A UN BUEN HOMBRE

- Tienes que ser una mujer excelente moral, emocional y espiritualmente.
- Evalúa tu vida y tu relación con Dios.
- Busca Su Presencia para que Él te dé la sabiduría para ver el verdadero carácter de las personas.
- Vístete y arréglate con elegancia; eres diferente.
- Sé discreta y no ventiles tu vida personal.
- Actúa prudentemente y no por impulsos.
- Huye de las malas conversaciones.
- Dirige tu vida por los principios que están en la Biblia.
- Tengas hijos o no los tengas, que tu vida sea de inspiración para otros.
- Practica un buen sentido del humor sin rayar en la indiscreción ni en lo vulgar.
- Sé responsable en tu trabajo.
- Gánate la credibilidad de todos siendo responsable y actuando con justicia.
- Actúa con gracia y deja ver una coquetería fina y delicada.
- No te pregones.

CRITERIOS PARA ESCOGER AL HOMBRE CORRECTO

- Debe amar a Dios para que se ame a sí mismo y te sepa amar a ti.
- Debe ser soltero; el casado pertenece a otra persona.
- Debes pedirle un certificado de buena conducta de la policía.
- Debes pedirle un informe de crédito.
- Debes exigirle una prueba de enfermedades venéreas y de HIV.
- Debes observar si sus palabras son respaldadas por sus acciones o si es un palabrero.
- ¿Es responsable, honesto y apasionado por su trabajo, o es alguien que cada tres meses cambia de empleo?
- Si es divorciado, investiga ¿por qué se divorció?
- Si tiene hijos, ¿cómo es la relación con sus hijos? ¿Es responsable con su pensión?
- Si tienes hijos, ¿cómo es ese hombre con tus hijos?
- ¿Trata a su familia (mamá, hermanas) con respeto?
- ¿Es sensible y compasivo, o parece "que no tiene corazón"?
- ¿Administra bien su dinero, sea poco o sea mucho, o vive tomando prestado?
- ¿Cómo actúa cuando tiene un desacuerdo contigo?
- ¿Puedes observar impulsividad en momentos de tensión, o sabe analizar el problema y escuchar tu punto de vista?
- ¿Qué hace cuando algo le da coraje o le causa indignación? ¿Grita, maldice, insulta, dice palabras soeces, rompe cosas, le da puños a la pared, se da a sí mismo?
- ¿Evade resolver los problemas, o los enfrenta y los resuelve efectivamente?
- ¿Es controlador y vive queriendo saber todo lo que tú haces a cada momento?
- ¿Cómo son sus relaciones interpersonales?
- ¿Es celoso?
- ¿Es discreto, o habla todo lo que viene a su cerebro?
- ¿Ama a tu familia y a la de él?
- ¡No te enamores ni te cases, pensando que tu amor lo cambiará!- Cásate con el hombre que es y no con el que te promete ser. Es una falacia pensar que el amor tuyo lo cambiará. Solo cambia quien quiere hacerlo.

MANTÉN LA CALMA Y DISFRUTA LA ESPERA

ENSEÑANZAS BÁSICAS PARA UN HOGAR SÓLIDO Y FELIZ

- Dios es primero. Sin Él somos ramas secas que no pueden dar fruto.
- La familia es nuestro tesoro, y como tesoro es necesario valorarla y cuidarla.
- Los hermanos deben amarse y permanecer unidos aunque a veces piensen diferente. ¡Nunca, nunca, nunca! deben dejar de hablarse ni de amarse ni de buscarse. Si alguno ofende al otro, debe pedir perdón y el ofendido debe perdonar, porque no saben si al otro día estarán vivos para hacerlo. Cada minuto que Dios nos permite vivir cuenta. Es necesario valorarlo porque una vez pasó, ya no podemos recuperarlo.
- No hablen mal de su familia. Mejor que eso es decir con amor lo que les duele que les hagan o digan, para que quien les ofendió pueda corregir el error.
- Conserven un buen crédito, porque con nuestra responsabilidad honramos a Dios, a nuestros padres y nos respetamos a nosotros mismos.
- Mantengan limpia y ordenada su casa porque como tenemos la casa y sus alrededores, tenemos la mente.
- Respeten a los demás aunque a veces no se lo merezcan. Ustedes darán cuentas a Dios por lo que hicieron, y no por lo que otros les hicieron.
- Cuando tengan hijos, trátenlos con respeto para que ellos los respeten a ustedes.
- Cuando le llamen la atención a sus hijos, háganlo en privado.
- Tengan compasión de los que no han tenido el hogar que ustedes han tenido.
- Sean responsables en su trabajo, y respeten a sus compañeros y superiores.
- Sean siempre agradecidos.
- Perdonen las ofensas que otros les hacen, así como Dios nos ha perdonado las nuestras.

MANTÉN LA CALMA Y DISFRUTA LA ESPERA

Acerca de la Autora

La doctora Norma Pantojas posee una maestría en Consejería de Familia y un doctorado en Consejería Cristiana. Está certificada como mediadora y árbitro en la solución de conflictos.

Pantojas inició su exitosa trayectoria como escritora en el año 2006 con la publicación de *Los 30 horrores que cometen las mujeres y cómo evitarlos*. A esa publicación le siguieron: *Los 30 horrores que cometen los hombres y que toda mujer debe saber; Mujer, ¡apriétate el cinturón!; Sexo, lo que muchas practican y pocos conocen; Lo que pasó, pasó;* y *Decídete a triunfar*. En el año 2015 publicó una versión extendida de su primer libro, agregando cinco a Los 30 Horrores. Esta vez presenta *Mantén la Calma y Disfruta la Espera,* escrito especialmente para la mujer soltera.

La autora está disponible para conferencias, seminarios y talleres. Para invitaciones, favor de comunicarse con Celi Marrero a través de celimarrero@gmail.com.

Siga a la autora en:

Facebook/Dra Norma Pantojas

@DraNormaPantojas

@DrNormaPantojas

normapantojas.com

normapantojas@gmail.com